通識教育叢書 通識課程叢刊

# 作文教學
# 風向球

增修版

張春榮 著

## 新版序
### PREFACE
● ● ●

　　作文的風向球，從「以知識為導向」，慢慢吹向「以能力為導向」；近年來更吹向「以素養為導向」，越吹越高。尤其注重讀寫結合，由閱讀素養接軌寫作素養，成為當今關注的議題。

　　質實而言，不管課綱再怎麼變，作文的基本核心，仍是以思維的文意為主。立意包括理與情，左腦的抽象思維，聚焦「國寫」的知性題；右腦的形象思維，運用於情意題。而如何全腦協調，分進合擊，成為現今作文的趨勢。從閱讀的「輸入」至寫作的「輸出」裡，如何由求真中展現批判性，由求善中發揮創造性，適可跨越作文的限制，邁向創作的天空。由此著眼，筆者一向主張「作文是創作的暖身，創作是作文的延伸」、「在作文的原野，放文學的風箏」，兩者並行不悖。如此一來，由被動的應付，至主動的積極；由最深的知性，兼及最深的感性；左右開弓，雙管齊下，當為作文、創作聯袂的康莊大道。

　　《老子》云：「道生一，一生二，二生三，三生萬物。」筆者作文教學，以「三」為主軸，貫串閱讀與作文。閱讀有三層，作文也有三層。在取材立意上，強調知性的「常識、知識、見識」，情意的「感知、感染、感悟」；在組織結構上，把握知性的「總分總」，情意的「今昔今」；在遣詞造句上，注重「譬喻」、「映襯」（對比）、「引用」。簡而言之，取材立意要求「意思清新」，拒絕陳腔濫調；組織

結構上，尤重「首尾貫穿」，最忌虎頭蛇尾、有頭無尾；在遣詞造句上，善用同異詞的分析、比較、演繹、歸納。如此一來，作文必將層次分明，條分縷析，層層深入，折射掩卷有味的「真意、深意、新意」，正是知性與情意的絕佳組合，日後將翱翔創作的廣大天空。

　　基於這樣的觀念，新版增加「觀摩篇」，由審題、取材立意、組織結構、遣詞造句切入，抓住評量重點，盼能在考場進退有據，攻城掠地，步步為營，步步為贏。至於「理論篇」、「題型篇」均有所替換修正，增刪調整，盼能觀摩相善，更具參考價值。

　　新版得以完成，首當感謝作文先進在這領域的拓植開發。其次，感謝北教大、臺師大我指導的學生提供實作，共襄盛舉。最後，萬卷樓編輯部的鼎力協助，特此誌謝。至於全書不足之處，尚祈海內大家，不吝指教是幸。

張春榮

二〇二一年九月二十八日

謹誌於青松齋

# 目次
## CONTENTS
● ● ●

**新版序**

壹　觀摩篇

# ● ● 在作文的原野，放文學的風箏

## 一、作文是創作的暖身

　　不管課綱再怎麼改，筆者一直篤信作文是創作的暖身，創作是作文的延伸[1]；從「我手寫我口」，躍向「我手寫我心」；從「我手寫我私」，提升至「我手寫我思」；將作文邁向創作，用創作深化作文；始於語言文字的探索，終至生命境界的探索，直指多音妙旨的藝術創作。

　　作文情境可分以時間為主的「問題情境」（偏小說）與以空間為主的「畫面情境」（偏散文）；前者強調面對問題，如何處理解決，偏重敘事；是「思想找到情感」，展現高度的感受與感悟。後者注重當時情景，特殊細節，是「情感找到聲音，聲音找到畫面」，展現鮮活的感知與感染，偏重描寫；迄今作文，最常見即為「畫面情境」，與散文接軌。

　　無可置疑，作文是一個人心智的最佳鏡子，文化素養的折射顯影；在文字揮灑中，化知識為能力，化規範為體現，化審美為創造；由「真」出發，由人心深處（「真意」、「深意」、「新意」）涓涓始流，流向「美」的激活，「善」的啟迪，綻放生命主體的語言之姿與生命之姿；當為作文的康莊大道，跳出八股套路，挑戰靈光乍顯的藝術高峰。

---

1　作文和創作有別。作文是「被要求寫」，創作是「我要寫」；前者是限制的自由，後者則是主動出擊。以「卵生」、「胎生」相較，王鼎鈞即謂作文為「卵生」，創作為「胎生」。

## 二、抓重點，寫深刻

　　「引導寫作」務必抓住「題幹」的重點，正確理解；抓住「題幹」主旨，深刻詮釋；洞悉「題幹」的層次，精要辨析、評價。

　　以〈走過〉的題幹為例：

> 　　或許你有過類似的經驗：熟悉的小吃店正在改裝，即將變成服飾店；路旁的荒地整理之後，成為社區民眾休閒的好所在；曾經熱鬧的村落街道，漸漸人影稀疏，失去了光采。……
>
> 　　這些生活空間的改變，背後可能蘊藏許多故事和啟示。請你從個人具體的生活經驗出發，以「走過」為題，寫一篇文章，內容必須包含：生活空間今昔的敘寫、今昔之變的原因、個人改變的感受或看法，文長不限。

題幹的重點，在於個人具體生活經驗和「啟示」。「啟示」是正面的召喚，有所提升，有所突破，有所超越；不宜寫成「教訓」。「教訓」是負面打擊，慘痛經驗，無法擺脫，無法忘懷。因此作文〈走過〉的主旨，不宜寫成「走過路過，錯過難過」的悲哀感傷，而應聚焦「走過路過錯過，不必難過」的豁然感悟，走出新的視野，走出新的境界，新的體會。

　　其次，以〈想飛〉的題幹為例：

> 　　人總是想飛的。飛，是一種超越，帶來心靈的自由；但也有人禁錮自我，扼殺想飛的念頭。你是否想飛？你想飛翔到什麼樣的國度？飛帶給你什麼不一樣的感覺與改

　　變？

　　　試以「想飛」為題，寫一篇結構完整的文章。敘事、
抒情、議論皆無不可，文長不限。

〈想飛〉和〈想逃〉不同。〈想飛〉是積極的心態，挑戰的精神，冒
險的意志；反觀〈想逃〉是消極的躲避，拒絕面對問題，無法承擔。
因此，〈想飛〉的重點在主體心靈的「自由」，力求「限制的自由」
的「超越」，飛越自己，飛向理想的國度，飛出精采。尤其充滿力度
的極致之飛，充實而有光輝，當是〈想飛〉的永恆喜悅。

　　復次，以〈獨享〉的題幹為例：

　　　在傳統價值中，總是鼓勵人們貢獻所能，分享所有。
但兩人間的愛情承諾不容第三者分享，一向符合世道輿
情；有些商人只讓會員獨享優惠，也有合理的目的。此
外，有些生活中的趣味本來就不需要、甚至無法與別人分
享，例如：一杯啜飲咖啡的時光、一竿臨溪垂釣的等待、
一路揮汗慢跑的苦練……，都可能如王維所說：「興來每
獨往，勝事空自知」。請以「獨享」為題，寫一篇文章，
談論關於「獨享」的經驗、體會或反思，論說、記敘、抒
情皆可，文長不限。

〈獨享〉和〈分享〉不同。〈獨享〉是「人與自己」、「人與自然」的
心靈沉澱與美感興發，〈分享〉是「人與人」、「人與社會」的相濡以
沫與溫馨回饋；前者重視「獨樂樂」的充實與寂寞，後者強調「眾樂
樂」的喜悅與感染，明顯不同。因此，「獨享」的重點在「享受寂
寞，感受真實」的特殊情境，「暖暖內含光」的「充實」時光，「乘

興而往，盡興而歸」的靈魂壯遊，「自歌自舞自開懷」的尋幽訪勝；千萬不要寫成「獨享的痛苦」、「獨享的悲傷」、「獨享的折磨」，忘了題幹王維詩（「勝事」、「自知」）中個人美好經驗的提示。顏瑞芳教授即指出題幹說明相當清楚：

> 獨享的概念偏重「主動追尋的快樂」（《聯合報》二〇
> 一五年七月十二日）

可見〈獨享〉的重點，在「獨樂樂」的喜感，「不足為外人道」的獨特時光。[2]

　　以 104 年〈審己度人〉為例，題幹為：

> 　　曹丕〈典論論文〉在評論文章時，強調必須「審己以
> 度人」（先觀察、認清自己，然後再去衡量、評價別人）。
> 除了評論文章，我們修己處世、學習求知，亦宜「審己以
> 度人」。請以「審己以度人」為題，寫一篇文章，論說、
> 記敘、抒情皆可，文長不限。

題目重點以「審己」的內省智能為主，而非「度人」的人際智能；前後因果關係，非常清楚。老子謂：「自知者明」、「知人者智」。一個人要有自知之明，才能有知人之智；才能客觀理解，避免「崇己抑人」的缺失。誠如瘂弦所說：「激流怎能為倒影造像？」只有靜水才能流深，只有靜水才能天清地寧，水淨沙明，才能知性面對人際關

---

2　其實站在現今素養導向，本題應該是讓學生分析、比較「分享」、「獨享」
　哪一個比較好，試說明理由，不必強迫一定要寫「獨享」。

係。

## 三、有通識，有見識

引導作文貴於有感性，有知性，有悟性。在感性中，能自人心深處湧現；在知性中，能客觀認知，清晰分辨；在悟性中，能跨越人云亦云的「常識」，提出個人宏觀的「通識」，提出個人獨到的「見識」。

以〈應變〉為例，觀摩大考中心提供佳作，其中一篇即自病房日光燈寫起，帶出十七歲母親癌症，自己心情的震撼與情緒管理。最後兩段道：

> 無論是怎樣的變故，任何人的行程皆不為我而耽擱。獲悉實情的那個早晨，我趁媽媽又熟睡之後，才起身去買護士建議母親進食的餐點。病房的那槽窗外和我心裡一樣，下起濛濛細雨。尋找著如迷宮似的醫院的出口，一路上撥了十幾個人的電話，社長的責任仍是得擔的。出醫院前，也不能忘了撐傘，不得憑著任性傷了身體，我沒權染上感冒。
>
> 在變故之中，我鮮少恣意地釋放情感，應該做的，總是比想去做的來得重要，在歷經這場意外後更是如此。回望媽媽的病房，在紛紛細雨中，只希望雨別壞了母親的心情。十七歲那年，我的肩膀更寬了，足以擔起人生的責任。我的應變，即是勇敢地負責。

全篇至此，化感性為知性，以具體事實寫出「學會照顧家人」，也「學會照顧自己」；面對變故，仍應「面對它，接受它，處理它，放

下它」。作者行文務實，展現莘莘學子可貴的「成長」（「學會照顧自己」）與「成熟」（「學會照顧家人」），化情緒為情操，沒有呼口號的浮誇，只有「肩膀更寬」的承擔，由主觀而客觀，言之有味。

　　其次，以〈漂流木的獨白〉為例，全篇自「海水太鹹，嗆得我流淚」、「幸福，在大水中滅頂」、「海水太鹹，因為它包含我的血淚」為綱領，先後展開擬人的獨白，由在山上和小男孩相處的快樂時光寫起，及至山洪爆發，家國全毀，人事全非。結尾：

　　　　漂啊！盪啊！不知流浪了多久，我傷痕累累的軀體終於停在一片寬闊的濁意裡。環顧四周，除了和我一樣被迫逃離家園的漂流木之外，隨處可見的還有一個個浮腫的屍體，看得我心中一驚：啊！那小男孩怎麼了呢？他是否安然無恙？看著蒼白的軀體，我不敢想像第二種可能性，只是祈禱那快樂的笑聲能再次迴盪山際。

　　　　孩子，對不起！我無法成為你永遠的家人了。我不要你為我哭泣，只希望你因為我的曾經存在而保護那座滿載我倆回憶的山頭，讓我們的回憶，真正不朽。

　　　　海水太鹹，因為包含我的血淚。

寫出漂流木見證的血淚史。「漂流木的獨白」亦是「漂流木的悲哀」，身不由己的悲哀，事與願違的慨嘆。文中結合呼告、示現的敘述，深具感染力。本篇若要再提升層次，可自「漂流木的悲壯」上再發揮。所有的血淚都是「殘酷成長」的必經之路；在飄泊離散中有悲哀的感傷，更有悲壯的感悟。

　　繼而，以〈如果當時……〉為例，二○○八年聯合報副刊登出建中三年級顏竹佑高分佳作。此篇展現歷史知識，以清新文筆，述說項

羽傳奇一生。結尾，依據「題幹」（選擇一個你最想加以改變的過去時空情境），提出個人見解：

> 　　掩卷，我嘆息。驀然間，我瞥見了書末的一段文字，那在〈太史公自序〉中提到：「西伯拘羑里演《周易》；孔子厄陳蔡，作《春秋》；屈原放逐，著《離騷》；左丘失明，厥有《國語》……」我想，如果項羽能包羞忍辱，捲土重來，勝負還在未定之天。憑著他初出江東人唯八千的意志，我相信，上述文字會加上一句：「項籍有志有恆，終成大業。」
>
> 　　如果當時，我能參與這段過往，定會使項羽拾回那屬於他的自信，拓展雄圖，實現理想，寫下歷史萬古不朽的新頁。
>
> 　　如果，曾有那麼一個當時……

指出項羽如能「英雄氣長」，能頂得住失敗的壓力，化打擊為撞擊，化任性為韌性；如此一來，項羽不再是一頁傳奇，而是能「逆轉勝」的巨星，再創歷史新猷。可見歷史只有曾經，悲劇性格造就悲劇英雄，無法挽回。全篇立論清晰，言之有理。

## 四、積學儲寶，變化妙用

　　綜觀大考中心所公布作文佳篇，特色有三：第一、取材立意舉證貼切，融會貫通；第二、組織結構層次分明，層層深入；第三、遣詞造句清新生動，自然鮮活。

　　就取材立意而言，以兩篇〈獨享〉佳作為例：

1.　　　難得悠閒的午後，沏一盅冒著白煙的東方美人，一卷紅樓，伴我度過日正當中。茶碗裡氤氳翻騰的霧氣融合了蒼勁卻華美的文字，將我簇擁進大觀園夢遊。

　　　一如誤入叢林的白兔，在大觀園中我如劉姥姥般大開眼界，清泉、假石，無不雕梁畫棟；華服、美玉，無不豪奢氣闊。賈寶玉的玩世不恭、林黛玉的孤芳自賞、薛寶釵的溫婉保守不時混入一絲晴雯的倔強、王熙鳳的潑辣與賈母的威儀。甘漸入苦，還隱藏著曹雪芹對世事的無奈，空空道人的出現彷若編排一切的曹雪芹，看著事態轉變、「甄」與「賈」的纏鬥，心寒而無能為力。（第一、二段）

2.　　　古代文人，藝術家因獨處的淬鍊，而享受創作曠世鉅作的例子歷歷在目。王維偷嚐著「獨坐幽篁裡，彈琴復長嘯」的悠然，李白醉心於「舉杯邀明月，對影成三人」的滋味。徐志摩獨自享受著那散發著粼粼波光的康河之沁人芬芳，張愛玲沉浸於沒有人與人交接的場合，那種生命中的歡悅。在藝術界，印象派莫內獨自品嚐著捕捉瞬間日出印象的快感，享受那開落的睡蓮和季節流轉在畫布上。野獸派先驅馬諦斯在染上癌症後，獨自在病房裡創作〈巨大的紅色室內景〉，享受吐露情緒，揮灑生命的感觸。超現實主義芙烈達・卡蘿獨自在房內創作，享受著那揮灑人性的愛戀，深沉的沮鬱的色調。或許，獨處是人們得以享受最真實自己的時光，得以為人生上色增彩。（第二段）

從第一例可以明顯看出作者對《紅樓夢》超熟，讀得精、讀得深，對作者和小說中人物（賈寶玉、林黛玉、晴雯、王熙鳳、空空道人）均有深入詮釋。從第二例可看出作者對文學家（王維、李白、徐志摩、張愛玲）、藝術家（莫內、馬諦斯、芙烈達‧卡蘿）能綜合理解，融合貫通。可見取材立意正是莘莘學子文化素養的投射，整體思維的按摩。只有多吃桑葉，才能吐絲；只有多汲取文化的活水，才能鑑照自身「博觀約取」的風姿；只有真積力久，才能嫩蕊商量，才能水到渠成，自然奏效，無法機械速成。

　　其次，在組織結構上，多掌握三層結構（「今昔今」、「總分總」），開拓意義段的三層變化（「層遞」、「正反合」），加以完整敘述。以〈對鏡〉為例：

　　　　大家好，我是一面鏡子喔！一面掛在火車站前的鏡子，每天看著川流不息的人潮從我面前走過。我一點兒也不孤單。有人會看著我整理儀容，有人會站在我面前發呆，更還有人會對著我莫名其妙地說些話。

　　　　從我的身上，人們瞧見了自己日益衰老的模樣而感嘆不已，從我的身上，小寶寶生命即將舞動的姿態，表現無遺，彷彿這個世界只要是有形體的東西，就逃不出我的映照，可是啊，為什麼還是看到許多人不快樂的樣子呢？我總覺得，我似乎無法映照出人們心裡的想法，人真是奇怪的動物。

　　　　直到有一天，我被打碎了，站長不得已將我從牆上取了下來，丟進了垃圾桶，我才恍然大悟，原來無形的鏡子是藏在內心的，除了自己，誰都無法窺視到的，而我這面看過無數人影的鏡子，直到功成身退時，才會有著如我一

般的醒悟呢？若真的是這樣，那人這種動物就太可悲了。

　　人啊！人啊！當你照鏡子時是否也照到內心了呢？有看到真實的那面嗎？我只能幫你看到外表，至於尋找真實的自我，只能靠你自己啊！不需害怕，不要逃避，找到你自己，這樣生命才能活得精采，無憾。

（資料來源／彰師大國文系副教授林素珍）

本篇最特殊、最勝出的地方，在於化「人對鏡」的順向思維為「鏡對人」的逆向思維，言人所少言，見人所罕見。全篇以鏡子的「存在」（「獨白」）、「衝突」（「打碎」）、「解決」（「醒悟」）為脈絡，展開「鏡子」擬人的諄諄告誡，彷彿智者醒世之音，揭示「心境」的重要。人有四張臉，分別是五官、皮膚、面具、良心。只有「心中的那面鏡子」才能照見靈魂，照見心的真實面貌，才能看到真實的自己，找回自由自在的自己。似此敘事觀點的變化（「擬人」），情境的轉折，立意的醒心豁目；猶如一則「散文化」的極短篇，一新耳目，餘音不絕。

　　最後，在遣詞造句上，莘莘學子可引用名言佳句，加強論證，闡明事理；亦可演繹歸納，進而自鑄佳句，畫龍點睛，奕奕揚輝。在引用名言佳句上，如：

1. 而有時，我也信仰張愛玲所言：「在沒有人與人交接的場合，我充滿了生命的歡悅。」不必煩擾於人際間的紛擾，我醉心於觀賞我自己生命裡的美麗。（〈人間愉快〉）

2. 直到我讀了泰戈爾的一句話，我才明白，我一直誤解了這個世界，他說：「請讓愛成為我最後的語言。」

愛才是這所有錯綜複雜的關鍵。（〈通關密語〉）

分別以張愛玲、泰戈爾名句，加以闡發，加以體悟，有所精進，有所
修正。至於自造精采佳句上，102 年國中基測作文題目〈來不及〉，
兩篇範例佳作，結尾一錘定音，鏗鏘有力：

1. 沒有來不及的憾恨，只有等不及的美麗。
2. 我們不能慢下時間的輕踏，但可以慢下自己的腳步，
   讓來不及變成不急來。

第一篇讓「來不及」的暗黑翻轉成「等不及」的積極意涵；第二篇翻
轉「來不及」成「不急來」的從容體會。兩篇結尾，用語極淺，用意
極新，別出心裁，允為「平凡中見奇崛」的佳句，閱卷老師無不眼睛
為之一亮，交相稱讚。

## 五、拓植與深化

　　試看近年來作文題目，如〈對鏡〉、〈應變〉、〈漂流木的獨白〉、
〈圓一個夢〉、〈人間愉快〉、〈遠方〉、〈通關密語〉、〈獨享〉等，均
要莘莘學子展現高度素養，探索自己的「內省智能」（人與自己）、「人
際智能」（人與社會）、「存在智能」（人與自然、人與文化），形塑「言
之有物」、「言之有序」、「言之有理」、「言之有味」的優質書寫。凡
此題目，百變不離其宗，亦即國小作文〈我的志願〉、國中作文〈我
的人生觀〉的再擴大，再深化；讓原先國小、國中時「Know What」
（如〈我的志願〉）的說明，層樓更上，提升至「Know How」、「Know
Why」的深度理解；讓小時原本簡單的「價值觀」，有了點的撞擊，

線的延伸，面的擴大，彰顯條貫上遂，「知其然，更知其所以然」的詮釋與體現。

以作文〈遠方〉為例，可以有三層次的理解：第一、遠方就是前方，就是還沒去過的地方；第二、遠方就是夢想，夢想有多大，世界就有多大，遠方就有多遼闊，多壯觀；第三、遠方不遠，遠方就在我心上；只要我懷抱熱情，堅持理想；不管向左走，向右走，反正只要向前走，必能走向美好的遠方。如此一來，取材立意有三層，組織結構（意義段）有三層，必能超越「一層」、「兩層」的「常識」、「知識」的敘述，有了更精進、更深刻的演繹與推論，展現超越常人的「研閱以窮照」，開拓根深實茂的縱深論述。

其次，建議平日務必精學儲寶，選一本最喜歡的經典名著或傳記，好好消化，化為身上的養分，必能攬轡總源，取精用宏，謀定而後動；不管任何題目出現，均能從容應付，無入而不自得。

今以海倫・凱勒的自傳為例，如能真正精讀，融會貫通，遇到〈對鏡〉，就可以海倫・凱勒為明鏡，所謂「光明使者」、「青鳥蒞臨」，堪稱明鏡高懸，足為典範。遇到〈應變〉，就可以她為例，尤其她所說：「當一扇幸福之門關閉時，另一扇門必會開啟」，更指出危機就是契機、轉機的開端。遇到〈圓一個夢〉，可見人生有夢，築夢踏實，海倫・凱勒不被「瞎、聾、啞」打倒，殘而不廢，允為生命的鬥士，實為「自勝者強」的最佳印證。遇到〈通關密語〉，可以舉她的名句：「把臉迎向陽光，你便看不到陰影」，進一步發揮「當陽光缺席時，讓自己變成陽光」的精義。遇見〈獨享〉時，可以舉她所說：「文學是我的理想國，在其中我的權利被剝奪。感官的障礙不能阻絕我和書籍朋友之間甜美、優雅的交流」，而耳聰目明的我們，更應以文學為理想國，照見其中暖暖含光的情意；體現美的饗宴，真的覺察，善的啟迪。甚至碰到像〈感謝玫瑰有刺〉的題目，亦可舉她的

名句：「如果世上只有歡樂，我們便無法學到勇敢與忍耐」，加強論述。碰到〈常常，我想到那雙手〉，亦可舉蘇利文老師的「觸覺語言教育」，那雙溫暖的手讓海倫・凱勒跨出第一步，得以手代舌。碰到〈那一刻真美〉、〈動人的聲音〉，也就是海倫・凱勒第一次學會 water 這個字，發出來的聲音，此刻「天使之音」如新聲初啼，劃破夜空，充滿光輝，令人熱淚盈眶。當然碰到〈我的偶像〉，就是海倫・凱勒；碰到〈不能沒有你〉，就像海倫・凱勒不能沒有生命中的貴人「蘇利文老師」；凡此種種，取精用宏，熟巧入精，作文不再是硬擠出來的「連篇謊言」，而是「積極、遷移、同化、變異」的創造性書寫；必能天光雲影活水來，智珠在握，懷瑾握瑜，生機無限。

　　大抵在作文的原野，放文學的風箏，迎風高翔，足以馳騁現代語感的極至；尤其在「我手寫我思」、「我手寫我心」中，召喚知性與情意相盪的美感興發，充分掌握寫作四大規律（「統一」、「次序」、「變化」、「聯貫」），必將湧現「真意、深意、新意」的體現，綻放「用語極淺，用情極深」的動人書寫。[3]

---

3　無可置疑，作文不免培養出「假掰高手」，以得高分為主。這樣的學子，往往考完就完了，很少持之以恆，與創作接軌。多年來，作文與創作接軌，一直是筆者教學的理想，始終熱情未減。徐國能〈遇見 100% 的作文老師〉謂：「若是一位老師能引導學生認識天地萬物的真情至性，並給予學生浩然的胸襟與洞悉人世的睿智，……提起筆來也自然有好文章出現。」（《煮字為藥》，九歌，2005，頁 43）可說理想一致。

## ●●● 審題

　　審題，即解題；看清楚題目，明確辨識題眼[1]，掌握題旨，是作文基本功。其中要點有三：一、辨識題型；二、綜合會通；三、明察秋毫。

### 一、辨識題型

　　作文題型，主要分雙軌與單軌題。

（一）雙軌題

　　雙軌題聚焦兩者的關係，務必雙管齊下，不宜偏頗。題目如：

1. 圓與方
2. 長與圓
3. 寬與深
4. 成功與失敗
5. 歡笑與淚水
6. 學生和學校的關係

雙軌關係，主要有四：一、並重，兩者互補；二、對立，矛盾排斥；三、偏重，賓主不同；四、因果，前因後果，必然發展。解題時，須

---

1　「題眼」猶如「詩眼」、「文眼」，為關鍵特殊之處。以〈令人意外的驚喜〉為例，重點在「令人意外」，由此衍生的「驚喜」。又如〈疫外之情〉，重點不在染疫，而在這段期間發生「溫馨、感人」的「情」。

加釐清，看出其中「相輔相成」、「相反相成」的互動變化。其次，一題雙寫，亦屬雙軌題。如：

1. 相愛容易相處難
2. 毀人容易誨人難
3. 做事容易做人難
4. 說到容易做到難

須分辨「相愛」、「相處」，「毀人」、「誨人」，「做事」、「做人」，「說到」、「做到」的同中有異，異中有同。[2] 雖「差一個字」，卻「差很多」，高下立判；正是差之毫釐，謬以千里。

## （二）單軌題

單軌題的趨勢有長短兩類。簡短者，以一字或兩字為主。如：

1. 惑
2. 猜
3. 傷痕
4. 逆境
5. 走過
6. 失去
7. 遠方
8. 想飛
9. 回家

---

2　此即遣詞中「同異詞」的運用，對比鮮明，深入剖析。

10. 對鏡

大多為高中作文，題目簡短，充滿彈性，折射不同的經驗與想像、知性與情意，發揮空間較大。反觀較長者，多達十字以上，如：

1. 在這樣的傳統習俗裡，我看見……
2. 從那件事中，我發現不一樣的自己
3. 當我和別人意見不同的時候
4. 我在成長中逐漸明白的一件事
5. 我看網路世界中的人際互動
6. 我可以終身奉行的一個字
7. 未成功的物品展覽會
8. 你希望有一段什麼樣的時光，又為什麼期望有這樣一段時光？

多偏向國中作文試題，語意明確，題旨清晰。莘莘學子得以訴諸生活經驗，不容易離題，較易書寫。

## 二、綜合會通

作文題目，萬壑爭流，層出不窮。然萬變不離其宗，往往理一分殊，殊途同歸；一言以蔽之，即「追尋」二字，始於「外在價值」的追尋，終於「內在價值」的追尋。

茲以底下題目為例：

1. 我曾那樣追尋

2. 圓一個夢
3. 探索
4. 想飛
5. 通關密語
6. 人間愉快
7. 我可以終身奉行的一個字
8. 溫暖的心

就〈我曾那樣追尋〉而言，旨在訴說自己對某些事物的渴望，事與願違的經驗；〈圓一個夢〉，即〈我的夢想〉；希望人生有夢，築夢踏實，人生因夢想而發光，因築夢而有意義。〈探索〉可以分知識的探索、生命的探索；知識的探索，貴於由知識走向見識；生命的探索，由生命提升至慧命。〈想飛〉是乘著想像的翅膀，飛向理想的遠方，飛向美好的未來，飛向「立德、立言、立功」的高峰，飛向「真、善、美」的境界。〈通關密語〉，是人生的錦囊，關關難過關關過；是人生的金丹，化危機為轉機，跨越險灘斜坡，走向康莊大道；是一個人的「心藥方」，只有希望，沒有絕望。〈人間愉快〉，旨在面對人間要有愉快的心，活得愉快，活得自由自在；其中要訣，並非「心隨境轉」，而是「境隨心轉」。走在人生的旅途，朝暉夕陰，要視無常為正常，化忍受為享受，好好享受這段過程。〈我可以終身奉行的一個字〉，這一個字應是念茲在茲，體會深刻。當為個體生命的精神指標，做人做事的核心價值，無不繞在自律、憐憫、責任、友誼、工作、勇氣、毅力、誠實、忠誠、信仰上。[3] 至於〈溫暖的心〉，則是

---

3　周姚萍等《100 個傳家故事：蘇格拉底的智慧》（新北：字敏文化創意，2019），頁3。

給人歡喜，給人信心；學會照顧自己，更學會照顧親人，照顧動物，照顧多數的人。當然，除了〈溫暖的心〉之外，更要有「冷靜的腦」，相輔相成。不只做自己，要做「更好的自己」、「最好的自己」，綻放人性的光輝。無可置疑，每一個「我」都成莫言所說：

> 有一天「我」字丟了一撇，成了「找」字，為了找回那一撇，「我」問了很多人，那一撇代表什麼？商人說是金錢，政客說是權力，明星說是名氣，軍人說是榮譽，工人說是工資，學生說是分數……。
> 最後「生活」告訴「我」那一撇是：健康和快樂，沒有它們，什麼都是浮雲！（「我」有感）

莫言指出「我」字左上角那一撇，應是「健康」、「快樂」，可謂真知灼見。君不見 Happiness，第一個 H，即代表 Health，沒有健康，恐怕快樂也沒有，什麼也不是。

　　事實上，所有的「找」、「追尋」，完全和「生理」、「心理」、「親密」、「需要」、「尊重」、「自我實現」的需求息息相關。而在成長的「追尋」中，尋找內在價值，尋找生命的意義，邁向成熟。而所有作文題目，無非都是廣義的「追求」，尤其在取材立意中，誠於中而形於外，展現感知、感染、感悟的進境。

## 三、明察秋毫

　　審題宜明察秋毫，洞若燭火。粗心大意，看錯題目，是審題大忌；猶如戰場射擊，射錯目標，風馬牛不相及，越射越偏，離題太遠，不知伊於胡底。以底下題目為例：

1. 夭
2. 及時雨
3. 季節的感思
4. 舉重若輕
5. 青銀共居，好家哉？

第一題，由於字形接近，把「夭」看成「天」，於是「夭然」變成「天然」，誠然「蘇西坡比蘇東坡——差太多」。第二題把〈及時雨〉解成〈急時雨〉，一字之差，立意有別。〈及時雨〉是來得剛好，及時消除暑氣，解決困境；反觀〈急時雨〉，來得又急又快，冷不提防，有可能泛濫成災，效果完全不同。第三題〈季節的感思〉，把「思」錯看成「恩」，殊不知兩者差別，在於「感思」是最深的感性與知性，「感恩」則是受者對施者的道謝，涓滴之恩，銘記在心。第四題，將「舉重若輕」看成「舉足輕重」，語序不同，可謂離譜。尤有甚者，把它看成「舉重好像很輕鬆」，更是望文生義，自由心證，變成舉重選手。第五題把「共居」看成「同居」，殊不知「同居」今有貶義。年輕人和銀髮族共居，互相學習，相互扶持，猶如電影《天外奇蹟》、《蝴蝶》中老少的雙贏，反觀「同居」，往往沒有好下場，結局大不相同。

其次，不可漏讀訊息，一見題目就「想當然」往前衝，無視重要的提示，未能貼切敘述，以致一條路走到天黑。如：

1. 我看歪腰郵筒
   提示：內容須切合「歪腰郵筒」所引發的現象或迴響。
2. 從陌生到熟悉
   提示：其中有著苦甜的滋味，也帶給我們許多思考。

3. 在這樣的傳統習俗裡，我看見……

　　提示：你也許感受到它所傳遞的情感，也許值得保存的內涵，也許察覺到它不合時宜的地方。

4. 青銀共居，好家哉？

　　提示：你對年輕人與銀髮族的互動或相處模式，有什麼期待？

務必「停聽看」。第一題，必須扣住颱風天郵筒被吹歪，網民瘋傳拍照的「小確幸」心理，生命會尋找它的出口，開心一下又何妨。第二題必須掌握「陌生到熟悉」過程中的滋味，有苦有甜，帶來反思，也帶來改變。第三題必須注意指示中提出傳統習俗的「兩個優點，一個缺點」，因此能正反兼具，才是「完整」看見。第四題重點在「互動」模式。事實上，人和人的最佳相處，不是主動，也不是被動，而是互動。相互支持，互相學習。年輕人學到長者的經驗、智慧，長者學到年輕人的天真、活力；彼此相輔相成，成為「神隊友」，理想「雙人組」。

　　綜上所述，可見敏覺審題，是打開作文大門的鑰匙，更是語文素養的折射。以〈回家〉、〈回家途中〉為例，〈回家〉可以回溫暖的家，也可以回精神的家；〈回家途中〉的重點，在「途中」所見所聞，所思所感。以〈爭吵〉、〈爭吵之後〉為例，〈爭吵〉可以是面子之爭，裡子之爭；〈爭吵之後〉的重點，在「之後」如何收拾殘局，如何學到教訓，如何更看清楚自己。以〈那一刻，真美〉、〈那一刻，真好〉為例，「真美」是美感經驗的乍現，「真好」則是溫暖的感動，善的回流。

　　再次，明察秋毫，敏銳精準，要能一眼「看出」、「看穿」題目的隱藏，冰山底下的內蘊；由表層、中層，而至裡層。以〈可貴的合

作經驗〉為例，自「可貴」中，指出有「難能可貴」，也有「易能可貴」，各有不同滋味。另以〈我終於懂得了他的感受〉為例，「懂得」不只是「知道」，而是更進一步「同情的理解」；張愛玲名言佳句：「因為愛，所以慈悲；因為懂得，所以寬容。」可加引用。「懂得」是貼心的擁抱，不只是「懂理」，更是「懂事」；包括寬容對方的缺點，哀矜勿喜。繼以〈自勝者強〉為例，語出《老子》，但要注意，上句有〈自知者明〉，可見「自知」、「自勝」是兩種不同的境界。欣賞自己的優點容易，但能改正自己的缺點則難，自己是自己最大的敵人。復以〈最遙遠的距離〉為例，可以想到泰戈爾名句：「世上最遙遠的距離，不是生與死，而是我站在你面前，你卻看不見我。」時至今日，「人手一機」的世界，則可進一步延伸：「世上最遙遠的距離，是我在看你，你在看手機。」又有新的情境，層出不窮。

　　最後，精準審題，可透過比較，加以推敲。如：

1. 我有一台冰箱
2. 我有一座冰箱
3. 假如我有一座新冰箱

三個題目，只差一、兩個字，卻可以「看出」不同的訴求。第一題、第二題，差別在量詞。就一般習慣稱呼，「一座」比「一台」大。但和第三題相較，明顯可以看出差別在「假如」、「新冰箱」五個字。第三題是 110 年國寫情意題。[4]此題重點有二：一是「假如」，虛擬想像；二是「新」冰箱。「重新」使用，應不同以往的堆積，「從心」

---

4　110、109、108、107 國寫試題，可參筆者〈試論國寫試題〉，《國文天地》
　　431 期，2021 年 4 月，頁 108-117。

使用，應更用心、更細心、更貼心，和家人的感情連結在一起；也能發揮同情心，慈悲心，和「愛心」、「公益」連結。

　　凡此審題[5]，老師宜在課堂上加以引導，藉由腦力激盪，思維的按摩；學生將越來越敏銳、越精準。如此一來，按圖索驥，充分掌握「有並列，更能察覺；有差異，更顯意義」的分析比較，將言之有物，目光精湛，洞若燭火，能夠抓重點，寫深刻，展現獨到的見識。當然這樣的功夫，一定要經由多方練習，由陌生至熟悉；在「生、巧、妙」、「粗、細、精」的訓練中，日臻完善。

---

5　陳滿銘謂審題重點有五：「一、明辨題目的意義；二、把握題目重心；三、認清題目的範圍；四、決定寫作的體裁；五、確定寫作的立場。」見其《新編作文教學指導》（臺北：萬卷樓，2007），頁105-111。

## ● ● ● 取材立意

### 一、前言

　　取材立意為謀篇之始。好的取材立意，是作文成功的一半。作文時若能善取生活之材，有感而發，我手寫我口，我手寫我思，將能直抒胸臆，探驪得珠；錦心繡口，展現立意的豐贍內蘊。切勿為文造情，成為「不可靠的敘述者」[1]，玩弄光景，無病呻吟。

　　就「評量指標」而言，取材立意最居首要；四字宜分開檢視。「取材」猶如米，「立意」猶如飯，巧婦難為無米之炊，如何將生活中的粒粒白米，煮成香噴噴的晶瑩好飯，無疑為作文沽心煮字的本領所在。

### 二、取材

　　以國中會考中寫作引導為例，無不出現共同的引導語：「寫下你的經驗、感受或想法」，所謂「經驗」、「感受」、「想法」，均為感同身受，身歷其境；來自生活中的點點滴滴，緣事而發，因情觸動，大抵可分「特殊」、「一般」兩類。

（一）特殊

　　特殊經驗，猶如「獨家報導」，只此一家，別無分店，往往一新耳目，令人刮目相看。

---

1　「不可靠的敘述者」，表裡不一，有口無心，適成反諷。反觀由情生文，天然本色，以純真之眼感知，誠於中而形於外，則為「可靠的敘述者」。

　　大抵特殊經驗，較為罕見，新穎新奇，一般人難以窺視。於是藉由一般人「不知道」、「想不到」的敘述，陌生超常，揮別熟悉，召喚新感性，無不引人驚嘆連連。

　　今以〈我想開一家這樣的店〉為例，編號四的優秀範例，即為「鐳射雕刻」。第二段寫出爸爸工作場景：

> 　　一束紅光略過，就在木板上畫出來楚河漢界，這是多麼酷的一件事，年幼的我將一雙好奇的眼睛盯著它在木板上縱橫出條條國界，分封了木板的疆域。正當我注視著它時，爸爸將我拉開，告誡我別盯著，傷眼睛，然而，卻不斷注視著光束，查看工作進度。

第四段訴說自己青少年時，曾因爸爸收入不高，「一度看不起這家店」，而後透過理解，透過爸爸鐳射雕刻出父子合照，深深感受「雖小道，必有可觀焉」。

> 　　啊！是從一塊無奇的木板賦予它新的生命啊！他知道我懂了，這麼多年以來，他都以顧客想要的方式，為一塊平凡的木板注入生命，上面不知道承載了什麼，卻一塊塊，都是一個驚心動魄的故事！

這樣的店，比起「咖啡店」、「麵包店」、「早餐店」，更讓人眼睛為之一亮，打開新的視野，重新體會特殊職業的意義。

　　凡此特殊經驗，一步一腳印，耳聞目擊，特別鮮活入味。一件件一樁樁，都是「寒天飲冰水，點滴在心頭」，酸甜苦辣，均為親身經歷，如假包換，真真切切，最動人心。至於編號二，則開設「公平交

易、守護小農的果菜市場」。首段寫出小農的身影，第二段寫開設的理由，第三段訴說自己的經驗：

> 曾經，我也是位農家子弟，毒辣的太陽曬在舅舅和阿姨背上，天晴得令人生妒，然而下田的辛勞卻和這般天氣有了極大的反差，我走過田野見過農民的辛勞，我見過凌晨四點的暴風雨，家人們急切搶收農作物的畫面，我同時也看過市場上標價牌塗塗寫寫的數字，隨著價格暴跌，家人們的頭也漸漸低了下來。臺灣之前曾發生過高麗菜一大顆一元的事件，在當時，農民的心有多麼絕望，經過層層大盤商、中盤商的剝削，付出了最多心力的農民，卻得到最微薄的收入。

除了工作辛苦，看天吃飯的無奈外，更有中盤商剝削的殘酷。因此面對種種不公不義，農夫只能淚水往肚裡吞。第四段提出解決之道：

> 我想開設一間守護農民的蔬果店，但也許有人會說，農夫們種田辛苦本就是理所當然的事，為何要付出更多錢來買農產品呢？我認為，這些農產品是給予農民們的支持與尊重，鄉村勞動力不足，在種田的多半是老年者，他們種田的成本，支出的開銷也增加，這間店的理念就是希望能增加他們的收入，維持農民生活的平衡。我想，開這間店不僅是幫助像我家人的農夫，我也希望每位消費者都能思考食物的出處，真正的認識人民與土地之間的關係，而不是嫌棄、鄙視身上沾滿泥濘的農民。

全篇由景而情，由情入理；基於「同情心、公益情」聚焦。農民與消費者「雙贏」的利多，正視人和土地的關係。若能進而結合有機耕種，走向綠色環保永續經營，無疑更加完善美好。

（二）一般

　　「一般」即為熟悉常見的經驗，信手拈來，毫無特殊。然習焉慣見的取材，經由莘莘學子靈光、慧眼，別有體會，則能挖掘出「不一般」的感受，展現「想不到」的看法。

　　復以〈我想開這樣的店〉為例，編號一：「樂齡童裝」，雖貌似開「服裝店」，卻是別有滋味的「童裝店」。第二段指出祖母最疼愛自己，擅長做童裝；同時由於大姑姑早夭，祖母把對「女兒」（大姑姑）的愛，愛烏及屋，都放在我身上。第四段寫祖母失智，遇見我，都呼喊大姑姑的乳名「阿春」。第五段寫祖母儘管失智，但作童裝的手藝還在：

> 　　雖然祖母已經記不起大部分的事，但是她從未遺忘的，就是製作童裝的方法。當年祖母，靠著一台縫紉機，一針一針的為她的兒子們縫出一個遮風擋雨的家，用她長滿繭的雙手，以一件一件色彩繽紛的童裝來為她兒子們鋪成一條平順的人生路，就算忘了自己的名字，就算忘了家的地址，祖母也絕不會忘記製作童裝的方法──因為那是她七十年來的求生本能，早已如熱鐵烙膚一般刻印在她的腦海中。

結尾訴說對祖母的承諾，專賣祖母親手製作的童裝。

　　　　祖母佈滿皺紋的臉上露出了笑容。「好啊！以後阿春
　　要開童裝店，賣阿母做的衣服喔！」

　　　　就算祖母現在已經忘了我的名字，在她的記憶中，已
　　經把我和阿春姑姑的形象重合在一起，她再也不記得自己
　　有一個長孫女了，但是我會一直記得那個午後的我們的約
　　定……我長大後要開一家最高級的童裝店，裡面賣的，全
　　是由祖母製作，世界上最美麗的衣服。

似此「樂齡童裝」，在加入對祖母的情感後，變得充滿光彩；它不只
是賺錢侔利的店，更是祖母和孫女的「情感連繫站」，綻放隔代間深
深的不捨與懷念。[2]

　　另如編號五：「故事咖啡館」，與一般常見的「咖啡店」，明顯有
所區隔。首段描繪這間店的特色：

　　　　夜暮伴著柔軟的橙黃色霞彩垂下，熙攘的人潮、堵塞
　　的車陣皆已緩緩褪去，在此時此刻，位於某條巷口末端，
　　一間掛著老式招牌的屋子，燈大卻默默點亮。一盤樸實加
　　長的千層蛋糕、兩個暈著咖啡字的瓷杯、那些你來我往的
　　耳語，這溫柔靜謐之處，是我的……故事咖啡館。

第二段謂這樣的店不以營利為主，而以「交心」、「傾聽」為尚。讓
有故事的客人至此暢談心曲。第三段寫出開這樣店的理由與功能：

---

2　似此「最高級的童裝店」，紀念的意義較高。若考量成本利潤，則宜再加
　　斟酌。除非行有餘力，要圓自己和阿嬤的夢。

　　作為獨生子的我，沒有兄弟姊妹能互相取暖，和朋友談起又有些尷尬。這些所有的原因，驅使我開設一間這樣的店。在互不認識的情況下，反而更能夠敞開心胸，讓我傾聽你所有不曾向他人提及的一切。在這說故事的過程中，我相信將那已經釀得苦澀的酒倒出，能夠緩解你那沉痛的悲傷，能夠讓你的所有情緒找到出口，更能讓你提起腳步，繼續邁步向前。

結尾收束前文：

　　每個人都是一座孤島，在此地，兩座孤島相撞。在那和著醇厚咖啡香和交談聲的空氣哩，每個人都有所療癒。多年後也許有緣，則歡迎你蒞臨……故事咖啡館。

　　泂然兩座孤島的相撞，可以撞擊出難能可貴的火花，相濡以沫的「療癒分享」。失落的靈魂，得以歇歇腳，傾聽交流，交換各自的流浪曲折，無疑是「相逢何必曾相識，同是天涯淪落人」。

　　綜上所述，可見取材貴於直接經驗，不管「特殊」或「一般」，只要原汁原味，就是絕佳風味，讓人讚賞有加。至於缺乏直接經驗者，則可訴諸間接經驗，不必一件件一樁樁「特殊」，都與自己生活息息相關。如〈常常，我想起那雙手〉，不寫父親的手、母親的手、阿公的手、阿嬤的手，可以寫米蓋蘭基羅、達文西、梵谷繪畫的手，也可以寫李斯特、貝多芬彈鋼琴的手，發揮自己「雖不能至，心嚮往之」的體會。

　　另以〈關於經驗的 N 種思考〉為例，編號一取自直接經驗，訴說生物競賽選拔落選，跌落谷底，自己有進一步的反思。凝視迄今摯

愛，仍是心心念念的「生命科學」，即使暫時受挫，仍將一本初衷，全力以赴。反觀編號二，則引別人經驗為證。首段點出「經驗就如人生航道中的指南針，引領我們駛向壯闊航道」，第二例舉例說明：

> 　　作家曾志朗有言：「人生沒有棋譜，每日都是新的棋局。」經驗固然重要，然而面對人生嶄新的畫布，一切都將操之在一己的創新與突破。正因為企業家馬雲深知經驗的墨守成規，而能跳脫框架，不落窠臼地依照翻轉思辨。在中國仍無一人瞭解網際網路的時代，勇於鄙棄前人對他表以「不可能」、「荒謬之論」、「痴人說夢」的經驗談。而於美國谷歌上市的同時，創立中國首家物聯網，縱使中途公司連續十年經營慘淡、幾經搬遷，馬雲仍能秉持雖千萬人吾往矣的拚勁，終於造就阿里巴巴的榮景。[3]因此，惟有擁有超凡視野，廣闊格局方能突破經驗網羅，開啟歷史新頁。

藉由引用曾志朗名句，企業家馬雲成功案例，述說面對經驗，要能「人在框框裡，腦在框框外」，不能膠柱鼓瑟，刻舟求劍。務必要有新的視野、新的格局，才能開拓嶄新的結局。似此，擷取間接經驗，觀摩相善，正是「他山之石，可以攻玉」。典型在前，自當勇猛精進。夢想有多大，願力有多強，世界就有多寬，人生就有多遠。

---

3　唯馬雲近日言論，有待商榷。

# 三、立意

立意中的「意」，包括情與理；是左腦抽象思維與右腦形象思維的主客交融，展現感性與知性交織的飽滿內蘊。高明立意，主要有三：（一）真意；（二）深意；（三）新意。真意，原味清蒸，真到讓人有感覺；深意，加廣加深，深到讓人有感受；新意，別開生面，新到讓人有感悟。

## （一）真意

真意是「我有話要說」，打開天窗，直揭無隱。首重「真心面對」，絕不虛假。其次，「直心接受」，保持客觀。所謂「直心是道場」（《六祖壇經》），持平凝視；拒絕濫情、矯情，字字是真情，句句是至性。

無可諱言，只有「真的美」、「真的善」、「真的感覺」，誠誠懇懇，真真切切，才能暖心暖目，才能感人肺腑，觸動人心。

以〈我在成長中明白的一件事〉為例，優秀範例編號一，首先間接破題，第二段點出事實原委：

> 夢迴，我渴望聆聽的衝動，嵌在床沿，鑲在窗邊，冀望得心疼了，淚涸了，那個夢仍遙不可及，我在無盡陰闇的世界企圖追尋著什麼。成長一路走來，我受父母的關愛與日俱增，對我而言，那種無形的壓力，令我喘不過氣，九歲那年，上蒼予我一個不懂得感激的懲罰——我，失去了完好的聽力。無聲大千，我只得以雙眸捕捉每一個生活剪影，以心靈凝神諦聽萬物之語，我倏地明瞭，過往能自在傾聽的幸福。

「失聰」成為作者生活的夢魘，墜入「有形無聲」的暗黑世界。如何走出陰霾，成為他含淚的微笑。重回無法逆返的現實，第四段提出「禍福相倚」的體會。

> 　　或許，上帝雖沒有賜我一個健全的身體，卻予我了一個敏感的心靈，便是希望我可以用心傾聽，外在的殘缺並非遺憾，我在成長中逐漸明白，心念真誠與否，充實與否，才是自己真正要在意的。

所謂福音，往往是失之「健康的身體」，卻得之「敏感的心靈」，日後勢將走一條「不一樣」的道路，結尾坦然面對，寬心接受：

> 　　我在成長中逐漸明白，內在的豐富遠比外表的美醜來得重要，身體缺陷並不要緊，要緊的是千萬不可因沮喪而墮落，深陷痛苦深淵而無法自拔。品香茗之時，在冉冉上升的霧氣之中，我似乎聽見了自己久違的舒心笑聲。

「明白」生命並不美好，但可以把日子過得充實美好。跌落谷底，觸底反彈，化哭聲為笑聲，才是真正的「成長」；而非以淚洗面的「退化」。似此佳作，訴諸直接經驗，沾滿傷痕淚水，道出心裡的曲折變化；由抑而揚，自殘缺幽微中映射一抹暖輝，逆增上緣，照亮自己。

　　反觀編號二佳作，首段直接破題：

> 　　道一聲「再會」，收起眼淚。我們的世界總是充斥著離別的話語，在漫漫無邊的生命海洋上，我哭喊過、嘶吼著，流過的離情淚卻也懂得收起了。

直指「離別苦」的悲情。第二段寫自己親身經歷大大小小的「離別」，激問人間為什麼有這麼多充滿淚水的再見：

> 每每望著父親沉重的背影，如荷著滿天烏雲，走向高鐵入口，臨別前又向我和媽媽揮揮手，躲在車子裡的我卻被父親溫藹的微笑給鼻酸了。小時候，我總是不懂「離別」的真諦，只是哭哭啼啼送上擁抱、緊握雙手；為什麼人總要分開？單純的我想著，如果分離帶來的只有痛苦，那為何還是有人選擇另一條路呢？我見過大大小小的離別；有小學畢業典禮的不捨、戀人在車站月臺上的難分難離、和寵物分開的心痛，以及與敬愛的父親分隔兩岸。

第三段體會「離別」的深層意義：「離別，不是終點，而是起點。」所謂「為了彩虹，強忍愁雨；為了重逢，強忍分離。」（李抱忱〈人生如蜜〉歌詞），離別並非只有苦澀，仍有期待的美好。結尾由主觀而客觀，由感性兜出知性：

> 從前，我不懂「離別」存在的價值，只道它是令人悲戚的、流淚的；隨著年歲增長，看過的、逝去的也多了，「離別」二字所代表的不僅有落寞，而是昇華成美麗的感情。就像落日殘霞總令人神傷，但如果我們留意就會發現，餘暉落盡後的是溫柔而皎白的月亮；那亦是「離別」的反義詞：「想念」。

作者心領神會，指出「離別」的反義詞，不是「相聚」而是由衷的「想念」；將「離別」的表層意涵，拉高至更大的視野。如此一來，

離別是積極的「想念」，深情的期待，而非落寞痛苦的「傷別離」。

　　就上兩例觀之，可見修辭立其誠，立意貴其真。只有真心才能召喚真心，真情才能激活真情。大凡瞎掰的無病呻吟，虛託做假，味同嚼蠟，難以入口，無法引起共鳴。

## （二）深意

　　深意是真意的延伸，在「情之幽微」上，首重細節的捕捉，捕捉刻骨銘心的細節；在「理之深刻」上，強調進一步闡釋[4]，延伸個人體會，由事入理，看見更深層的內蘊。

　　今以〈我看歪腰郵筒〉為例，佳作範例編號一，首段開宗明義，自「城鄉差距」的視角切入，提出不同的思辨：

> 　　一場天災，兩個郵筒，隱含了臺灣多年來的社會價值，小確幸的威力撫平傷痛的痕跡，但小確幸也是一種城鄉差距。

第二段舉出「臺北居民」和「花東農民」、「南部果農」的兩樣情。颱風天災襲島嶼，受創災情不同，真的不能一概而論。第三段進一步闡釋：

> 　　「世界上沒有黑的地方，只有看不見的地方。」而這看不見之處，又並非真正不能見，而是個人要不要見。許多外國媒體不曾體驗過颱風的力量，但他們卻個個重視蘇迪勒的軌跡，他們驚訝於臺灣的生命力，能在天災過後迅

---

4　注意「能進一步闡述說明，以凸顯文章之主旨。」即六級分的高表現。

速找回幽默的態度，但受災最嚴重的地區，能如此苦中作
樂嗎？幽默是有能力的人，才有的權利。魯迅曾言「我們
必須有勇氣面對無情的真理。」作為一個革命家，在他的
眼裡，也許沒有小確幸的生存空間，他的目光在最落後的
地方，在最需要幫助的人身上，他有先天下而憂，後天下
而樂的情懷，兩個歪腰郵筒和其他昂然挺立的郵筒沒有不
同，因著眼的重點並不在此。

「歪腰郵筒」是苦中作樂的幽默趣味，「不歪腰郵筒」是勇敢挺立的
昂然態度，不能因欣賞一時偏離，而忘了恆久的正格。兩者相輔相
成，要能兼顧。結尾義正詞嚴：

> 「人生嘛，歪腰也無妨」一句口號，常使人忘記悲懼
> 有其重量，太多的無妨、太多的隨意，是安居樂業的人才
> 能訴說出口，小確幸或許是懦弱的表現，但世界需要勇
> 氣，讓需要被見到的重點顯現，讓人人所見的歪腰郵筒，
> 沒有什麼特別之處。

人生不是輕量級的比賽，而是重量級的挑戰。因此，偶爾「歪腰也無
妨」，但「不歪腰昂然挺立」，更值得欽佩；歪腰是一時的，昂然挺
立是永久的。似此論點，不聚焦「小確幸」，而揭示「大格局」，由
偏而正，彰顯更大的視野。

反觀編號二，首段直奔主題：

　　正如詩人說：「一沙一世界，一花一天堂。」[5]由歪腰郵筒事件可見得臺灣百姓對於生活苦中作樂的能力。畢竟生命已太短暫、太平凡無奇，如同曾經蒸騰著碼頭鳴笛聲的日光，如同沙漏裡的微塵自間滲漏，與其心冀將螢火蟲般的一生活成一天一地的長久，不如在生活中珍視每一眼、每一瞬間萬物的變化，才能自生命中汲取價值與意義，擁有洞見穹廬下美麗事物並將之轉化為渡過苦阨的力量。

提出兩層觀點：其一，洞見穹廬下美麗世界；其二，轉化為渡過苦阨的力量。第二層觀點，加深第一層的立意。因此，第三段後半再加闡釋：

　　也許歪腰郵筒正是臺灣人民內心理想的投影：生命不用太完美，只要能擁有一份快樂，讓我能正視每一天的挫折與挑戰，就是我的幸福，就能成就我生命中最芳馥的價值和意義。

生命不用太完美，笑看生活中的不完美，挫而不折，快樂面對，才是應有的格局。結尾總縮前文：

　　日本的宮本武藏有云：「但將凡事化作水去涉渡，此外無語可替。」我想歪腰郵筒最重要的意義除了是療癒眾人心中的苦難和枷鎖之外，更重要的便是給我們勇氣去正

---

5　此詩出自英國詩人威廉‧布雷克（William Blake）詩〈無邪之預示〉。

視一切瓶頸、一切進退失據的處境，而終能親身實踐「涉渡一切」並坦然以對。我相信臺灣人的內心永遠都會存在一個歪腰郵筒，那照亮我們的心，讓我們明白黑格爾所云：「在純粹的光明和純粹的黑暗中一樣，一切皆不可見。」因此我們得以在現實的黑白相間中昂首挺胸面對。

結尾透過兩段名言佳句，增強論述，呼應首段第二層「轉化為渡過苦阨的力量」的立意。「歪腰」是一時的療癒，「勇氣」是恆久的堅持；只有相輔相成，才能面對現實中「黑白相間」的複雜，才是應有的見識與膽識。

就上範例觀之，可見立論不能停在題幹的「人生嘛，歪腰也無妨」的輕鬆，更要有「不歪腰」的嚴肅正經。不能因偏離而忘了正格，忘了任重道遠的勇氣與擔當。馬克吐溫道：「天堂沒有幽默，因為天堂沒有苦難」，用在歪腰郵筒事件，則是「人間充滿幽默，因為人間充滿苦難」，兩篇佳作均能延伸個人看法，由趣而味，揭示更深的立意。

## （三）新意

新意是深意的激活。「深意」力求言人之所罕言，別有進一步見解；「新意」則強調言人之所未言，顛覆慣性，翻轉舊思維，在逆向思考、水平思考中，展現嶄新創意。

當然，所謂「新意」、「創意」，是「相對的新」、「相對的開創」；相較於同儕國中生、高中生，新意首重「再發現」；改換不同視野，發現嶄新趣味。其次，能「新發現」；用大家都知道的 A，用大家都知道的 B，寫出大家沒有想到的 C。全體大於部分的總合，C 大於 A ＋B。

以〈來不及〉為例，編號一範例，首段破題：

> 過站的公車，遭遇洪喬之誤的信箋，荒漠中遲來的甘
> 霖……來不及打好勾的行程表，在命運之神的戲弄下佈滿
> 了污點。然而誰知道祂詭譎又美妙的手，瞞著時間的銳利
> 目光，在後頭設下的美麗驚喜。

指出世上諸多「來不及」，往往是命運之神的善意作弄，也許再經一段時間的醞釀，所有「來不及」日後會有美好的結局。第二段訴說自己粗心，以致一篇小說來不及投稿。第三段化嘆息為給力，重新修訂那篇小說，汰蕪增補，終於登上文學週刊，再顯光芒。結尾翻轉一般「來不及」的嘆息悔恨：

> 山上的桃花四月開，在微寒間迸發一朵朵大地重回的緋紅
> 面色，那感動、香氣，更勝早早開謝而無經醞釀的世俗之
> 花。過站的公車，載著你到看不見的終點站；流浪的書信
> 帶著一絲絲時光斑駁的情思。沒有來不及的憾恨，只有等
> 不及的美麗！

照見桃花再開，公車載你至遠方，流浪書信沾染時光中的思念，都是成長的經歷。壓軸最後一句「沒有來不及的憾恨，只有等不及的美麗」，由反而正，斬釘截鐵，鏗鏘有力；在在改變思考帽，道出生命的積極勇銳；翻轉「來不及」的暗黑傷懷，一躍為「等不及」的熱烈擁抱，讓人耳目一新。

另如編號二，首段開門見山：

　　　　光陰總像那輕掠過天際的流星般稍縱即逝，不曾為世人稍做停留。因此人們常無法在有限的時間內完成事情，只能留下聲聲嘆息。

指出時光匆匆，人們常上演「來不及」的戲碼。第三段寫自己受困大雨中，來不及回家看電視；逮一顆焦躁的心，靜下來，竟失之東隅，收之桑榆：

　　　　百無聊賴的我，開始注視著這水溶溶的街道，意外地發現行道樹正在這雨中跳舞！看他那每一個動作是多麼的有力，活脫是個野地戰士！再望向地面上一個個的小湖，映照出逐漸碧藍的天際，似乎敲響了和平的鐘聲，宣告這場侵略已告一段落。於是，我便在小雨的陪伴下，漫步回家。

不再焦急慌張，而是改變心態，欣賞雨景，欣賞行道樹和大雨的攻防，栩栩如生，分明是「雨的饗宴」。第四段收束，翻生新的感悟，與一般國中生大不相同：

　　　　回到家後，電視節目自是早已離我而去，身體也溼了；但我心中卻充滿了喜悅。我心想：或許來不及是上蒼賜予我的一個契機，讓我慢下心的腳步，去玩賞這美麗的世界，並從中獲得體悟——我們不能慢下時間的輕踏，但可以慢下自己的腳步，讓來不及變成不急來。

這個「新發現」的領略是「我們不能慢下時間的輕踏，但可以慢下自

己的腳步。」強調認知主體的抉擇。藉由正反對比，拈出「慢活」的生活趣味，在充分享受過程，要能化被動慌張，成主動從容。結尾壓軸一句「讓來不及變成不急來」，發聲振聵，猶如暮鼓晨鐘，醒心豁目，喚醒沉迷的人心。

　　由上二例觀之，兩篇卒章顯旨，筆力千鈞。編號一「沒有來不及的憾恨，只有等不及的美麗」，藉由「有無」對比，揭示擁抱生活的積極主動，要保有一顆「溫暖的心」。編號二「讓來不及變成不急來」，藉由雙關（「及」、「急」同音）、回文（「來不及」、「不急來」），強調生活美學，可說「及時無罪，緩慢有理」，世界越快，心則慢，才能「萬物靜觀皆自得」，境隨心轉；有一番好心情，自有一番好風景。可見換個角度，世界不一樣，端賴認知主體的清明。誠然「這世界不是缺少美，而是缺少發現。」所謂的「發現」，就是要有會看的眼，會聽的耳朵，會欣賞的心。

　　無可諱言，「真意」、「深意」、「新意」三者息息相關；只有「真」，才能「深」，才能深入生活的細節；只有「深」，才能「新」，才有深入到位，才能別開生面，開闢新徑，直指「意料之外，情理之中」的優質書寫。事實上，「深意」即基測六級分評量指標，「能進一步闡述說明，以凸顯文章的主旨。」而「新意」即大考 A+ 指標：「內容新穎，能恰當表現所欲刻劃的主題。」，兩相對照，很容易把握，可以確切洞悉其中重點所在。

## 四、立意的進境

　　立意的進境，始於「經驗」、「感受」、「想法」的初步觸動。繼而，承接相續，向前推進，由表層進入中層，形成「點的撞擊，線的延伸」。最後，由粗而細而精，登堂入室，鞭辟入裡；將「經驗」提

升為意義，「感受」升級成感悟，以「戒律」為例，可以視為限制，換個角度，則為「保護」；以「圍籬」為例，可以是「禁錮」，也可以是「防衛」；如此一來，由單向思維，走向雙向的對立思維；更見「面的擴大」，開拓新境，言之有理，言之有味，令人激賞。

以〈鈕扣的聯想〉為例，可以引導如下：

1. 小小的圓圈，是一塊硬幣？五顏六色的藥丸？袖珍型的飛碟？馬路上的圓孔蓋？
2. 一個個鈕扣，要整個扣好，才算穿好衣服，完整得體。可以用來比喻什麼？
3. 有沒有發現第一顆沒扣好，會怎樣？可以比喻什麼？

在想像的立意上，第一層為接近聯想，具體比具體；第二層展開相似聯想，由具體比抽象；第三層提升至因果聯想，形成「面的擴大」，照見更大的視野，形成更全面的認知。試想第一顆鈕扣沒扣對，整排會扣得歪歪斜斜，左右不對稱。由此看任何科目學習養成，一開始的基本功沒練好，不夠到位紮實，往往日後走樣，積重難返。由此看一個人品行，如果一開始沒養成好習慣，壞習性一直累積薰染，日後品行將歪斜不正。因此，不管做事、做人、做學問，不能打折，只有「好的開始才是成功的一半」，自古以來無不強調「立根基」，本立道生，毫無僥倖。

另以〈助人為快樂之本〉為例，可以三層引導如下：

1. 快樂可分物質的快樂，和精神的快樂。物質的快樂是擁有，精神的快樂是享有；精神的快樂更勝於物質的快樂。
2. 不只「助人為快樂之本」，應「助人『快樂』」，才是快樂之

本。「幫忙」要「幫到忙」，幫到對方破涕為笑，轉憂為喜，才是真正的美好。

3. 不只「助人為快樂之本」，更是「『快樂』助人為快樂之本」，心甘情願，自動自發，只有熱力，沒有壓力，樂在其中。

就三層（意義段）結構而言，第一段辨析真正的快樂在於「分享」，分享快樂，快樂擴大一倍。第二段關注「受者」的感受，只有真心的「給人歡喜」，貼心的「給人希望」，用心的「給人方便」，對方才會樂意接受，不會不舒服。第三段強調「施者」的單純善心，不求回報。於是施與受形成美好互動，客體（助人快樂）、主體（快樂助人）的交融和諧。畢竟獨樂樂不如眾樂樂，大家一起好，才是快樂的最高境界，直指「快樂助人有如香水，向人灑得多，自己必也沾上幾滴！」的共享芬芳，展現創造性的積極意義。

大抵針對學子「懶得思考」、「單一思維」的通病，教師除了藉由「三層」的引導外，也可以藉由「課堂討論」、「分組討論」中不同發言、不同觀點的撞擊，讓他們得以集思廣益，有所啟迪。通過同學間的「腦力激盪」、「思維按摩」，揮別常識淺見，慢慢剝落直接反應的簡單思路，由主觀走向客觀，從偏知邁向全知，由認知的主體，擴大成認知的全體；讓思維更靈活，更清晰，更精進，更深入。也才是現今素養導向要下的功夫。

今以〈我可以終身奉行的一個字〉公布範例為例，一開始拈出「節」，強調「節制」的重要，結合再申「節制」之必要，直指節約、簡樸的生活，已屬佳作。但若能將「節制」，導向「節能」的環保；進而邁向品德教育中的「節操」，無疑更添新意，鞭辟入裡。

## 五、結語

　　取材立意是將生活中一顆顆分散的珍珠，串成耀眼的項鍊。取材，就是選擇，就是判斷，敏覺挖掘切身適合的材料。立意，就是組合，就是創造；用「不一樣的眼光」、「不一樣串連」，迸發新穎的文山字海。

　　大抵真意、深意、新意三者，往往相輔相成。梁實秋謂：

> 從人心深處流出來的才是好的文學，文學難得的是忠
> 實──忠於人性。（《偏見集·文學與革命》）。

只有自人心深處湧現的源泉活水，才能清清澈澈的映射人心，才能流向人心深處，召喚共鳴。只有人性的真，人性的善，人性的美，才能邁向作文的堂奧。職是之故，張大春一再強調作文要寫「值得寫」的：

> 能夠寫、值得寫的東西，必須跟我有一種迫不及待通過文
> 字反思再三的關係。（《文章自在·寫東西》）

所謂「迫不及待」，即呼之欲出，我有話要說，直揭無隱；自然「下筆情深不自知」，自然「筆端有力任縱橫」。所謂「反思再三」，即醞釀沉澱，渣滓剝落，由粗而精，由情緒提升為情感，再擴大為情操。在感知、感染、感悟中，寫出人心深處，照見人性的共通；由情入理，交織最深的感性與最深的知性，才是作文的康莊大道，也是創作的廣闊天空。

　　綜上觀之，可見取材來自生活經驗，亦來自「多讀書」、「多讀好書」。立意來自情與理的嫩蕊商量，來自靜水流深的融會貫通。如此一來，才能知道要「寫什麼」，要「怎麼寫」。事實上，作文中最難的地方，就是考生不知道要「寫什麼」，更不知要「怎麼寫」。而當此困境，唯一的良藥是「多讀，多寫，多商量」，藉由博觀饋貧，貫一拯亂，熟能生巧，進而和良師益友多加討論，活絡思維；如此一來，三者加乘，才能厚積薄發，日起有功，日漸有成。

# ● ● 組織結構

## 一、前言

　　組織結構，一般簡稱「結構」，與傳統「章法」、「布局」往往相混使用。自作者論、讀者論、作品論觀之，劉中和《杜詩研究》中指出：

> 「章法」乃為作者而設，「布局」乃為讀者而設，「結構」
> 乃為文章本身而設。[1]

可見「章法」、「布局」分別偏向作者論、讀者論，「結構」專屬作品論。當然古典詩文中，「章法」亦有傾向作品論之說。大抵意義段的三層「結構」，和四分法的「章法」，可以會通。第一層（鳳頭）即「起」，第二層（豬肚）即「承」，第三層（豹尾）即「轉合」[2]，能擴大深化，拈出見識。但相較於傳統術語，迄今多採用「結構」，語義清晰，殆無爭義。

　　散文是文字的最佳組合，作文亦然。歷來論及「最佳組合」的結構，可自「共時性」、「歷時性」二端，加以切入掌握。

## 二、共時性

　　共時性聚焦空間並列關係，以對比（映襯）、排比居多。

---

1　劉中和《杜詩研究》（臺北：益智出版社，1973），頁10。
2　也可以第二層（豬肚）「承」中兼及「轉」，第三層（豹尾）即「合」。

（一）對比（映襯）

　　對比有「絕對」、「相對」兩類。

　　「絕對」差異，即矛盾律（A≠－A），諸如「贊成」、「不贊成」，正反相對，立場明確，語義鮮明強烈，沒有妥協餘地。又如「快樂」、「不快樂」，清晰表態，沒有含混空間，至於「相對」差異（A≠B），「贊成」、「反對」中，「反對」並非全然「不贊成」，有時是「部分贊成，部分反對」；「快樂」、「悲哀」中，「悲哀」並非完全「不快樂」，而是「快樂的悲哀」，中間仍有些許混搭變化。

　　歷來古今詩文結構，以二分對比者，如：

1. 姚燧〈憑欄人〉[3]
2. 呂本中〈采桑子〉[4]
3. 張曉風〈矛盾篇〉
4. 席慕容〈試驗之一〉
5. 羅門〈車禍〉

均自鮮明對比中，呈現兩種衝突的情境。

（二）排比

　　排比，即三組或三組以上平行並置，條列鋪陳，展現豐富多樣的視野。

　　歷來古今詩文結構，運用排比者不乏其例，如：

---

3　原作：「欲寄君衣君不還，不寄君衣君又寒；寄與不寄間，妾身千萬難。」
4　原作：「恨君不似江樓月，南北東西，南北東西，只有相隨無別離。　恨君卻似江樓月，暫滿還虧，暫滿還虧，待得團圓是幾時？」

1. 悟空〈萬空歌〉
2. 金聖嘆〈不亦快哉〉
3. 曹雪芹《紅樓夢》中〈好了歌〉
4. 顧城〈弧度〉
5. 洛夫〈習慣〉
6. 向明〈沒有怎麼樣〉

均自相似原則中，鋪陳多樣、分化的情境，捕捉「統一」、「共相」的主旨，照見認知的全面。

　　現代散文中，大凡出現問答題，多以排比方式回答。如星雲大師〈幽默是什麼〉，即分出四段，清晰敘述：

> 第一，幽默是彌補缺失的針線包。
> 第二，幽默是難堪挫折的平衡桿。
> 第三，幽默是待人處事的潤滑劑。
> 第四，幽默是導引人生的智慧路。

可見幽默是修養的提升，思維的按摩，由嚴肅走向風趣，由頑固走向通達，綻放智慧之光。又如〈人生是什麼〉，簡媜提出三種譬喻：

> 如果人生是一回轟轟烈烈的燃燒，該在鬧街施放節慶的煙火博得歡聲，還是去寒村布施溫暖，一生無名？
> 如果人生是一宿之夢，該枯坐著等天明，還是自夢幻裡尋找真實，再從真實之中體悟泡影？
> 如果人生是一份作業，用良心與責任為線，為他人織一匹布。我審視自己織成的布匹，線縷緊緻、圖案瑰麗，足以

裁製華服。而他人織給我的，竟是破洞百出連做抹布都不
能的線團，我能接受嗎？該怎麼追討？該如何釋懷？

藉由三組譬喻，再加檢討「博得歡聲」、「布施溫暖」，「枯坐等待」、
「體悟泡影」，「線縷緊緻」、「破洞百出」三組排比中，分見兩種不
同情境，因此對生命應何去何從，不免有所質疑。

　　同樣，面對〈臉是什麼〉，亦可自排比平行敘述。筆者認為答案
如下：

1. 五官
2. 皮膚
3. 面具
4. 良心

由外而內，由具體而抽象，計有四種臉。一般人往往執著於外貌、皮
相，成為「外貌協會」的一員；忘了「相由心生」，只有心善、心美
的臉，最有光輝，最動人心。同樣，針對「殘忍」，梁昭南揭示三種
相似情境：

　　水缸中的魚、蝦、蟹，正待在生命中的最後一站。海鮮店
老闆娘的手抄網一撈，可能是這隻，可能是那隻；反正不
是這隻，就是那隻；只要是活的，只要夠肥，客人是不會
計較到底是哪一隻的。
　　籠子中的實驗用老鼠，慌慌張張地跑來跑去。研究人員把
手伸進籠子內，隨手拿一隻出來；或許注射毒液，都視他
的實驗需要而定。至於是哪一隻，那無關緊要，反正是能

待在籠子裡的老鼠，都是健康的、可以拿來做實驗的個體。

劫機犯聽著駕駛艙內無線電傳出的聲音，對於政府方面的回答相當不滿意。另一個劫機犯準備槍斃人質作為回應。他在走道上走來走去，將要挑一個旅客殺掉。這些人質看起來並沒有什麼不同，遲早都是要成槍下亡魂的。[5]

全篇由「海」、「陸」、「空」三種視角，依次敘述，由海鮮熱炒，至老鼠實驗，終至劫機槍斃人質；歸納三種殘忍，不遑多讓，可說異曲同工。而號稱「萬物之靈」的人類，是不是該換位思考，別有驚心領悟？

## 二、歷時性

歷時性聚焦時間先後關係，藉由事件的發展，由表入裡，層層深入。就三層結構而言，最常見的有「今昔今」、「總分總」、「正反合」、「層遞」四種模式。

### （一）今昔今

「今昔今」是「現在—過去—現在」的三層結構，在記敘、抒情文上，往往站在現在，追憶從前，再回到現在，有所體會。凡此為「人心」的共同趨向，也是作文的重要手法。諸如國中會考試題：

1. 從那件事中，我發現了不一樣的自己

---

5　似此即「最短篇」創作。

2. 來不及

3. 當我和別人意見不同的時候

4. 我在成長中逐漸明白的一件事

5. 那一次，我自己做決定

6. 可貴的合作經驗

7. 我曾那樣追尋

8. 常常，我想起那雙手

9. 那一刻，真美

以及高中學測試題：

1. 漂流木的獨白

2. 逆境

3. 如果當時……

4. 走過

5. 雨季的故事

6. 失去

均可自「今昔今」的結構中加以重回當時場景，細加摹寫，最後歸結
自己特殊的感受。圖示如下：

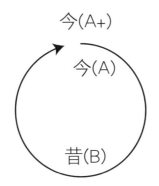

今(A+)

今(A)

昔(B)

　　值得注意的是，「今昔今」中的兩個「今」並不相等。第一個「今」是 A，第二個「今」是「A＋」，雖然回到現在，卻有獨特的延展，進一步的闡釋。因此，好的「今昔今」，切莫兩個「今」，文字相同，重抄一遍，只是形式上的雷同呼應，了無新意。

　　今以〈從陌生到熟悉〉為例，編號一的六級分範例，首段一行、次段兩行：

　　　　我觀察那隻老是蹲坐在社區牆上的貓很久了。
　　　　牠披著黑灰相間的毛皮，兩隻小尖耳總是豎得老高。
　　　看似坐得安逸，瞳孔裡的警戒卻洩漏了牠的不安。

揭示我和貓的相逢，並指出貓對我的警戒、不安。第六段寫自己捧小魚乾餵食，牠仍嚇到、存疑。第七段寫我和貓的互動：

　　　　當牠和小魚乾的距離只剩一公分時，牠停下了步伐，像是
　　　　想試探我的反應般，牠猶豫的低下頭，叼了一根小魚乾。
　　　　我可以看見牠覷了我一眼，見我沒有反應，牠才安心的享
　　　　用大餐。而我也試探性的摸了摸牠的頭。我驚奇的發現牠

不但沒閃躲，反而蹭了蹭我的手指。就這樣，我和牠漸漸變得熟悉。我想，我成功交到好朋友了。

在互動中成為朋友，見證「物吾與也」的熟悉。第七段、第八段結尾再加引申：

> 　　夕陽西下，餘暉將我和牠並肩而坐的身影拉得好長好長。撫著牠輕柔如絲綢的毛，我頓悟，原來搭起與人熟悉的橋樑，並不是如此困難！原本陌生的面孔似乎不再令人恐懼，內心盈滿欣喜的我也不再膽怯。身旁的貓像是在鼓勵似的望向我，而我也真摯的給予回望。
> 　　數了數錢包內的零錢，我決定明天要去購買一包包的糖，拜訪我的新鄰居們。

藉由善意的溝通，融化陌生恐懼，進而並肩同坐，呈現人貓相親的動人畫面。結尾由貓及鄰居，跨越人和人間的冷漠高牆，讓鄰居不再是「住得近的陌生人」，而變成可以親近熟悉的「好厝邊」，可說立意新穎，層樓更上。

　　至於編號三的六級分範例，首段、次段，描寫現在狀況：

> 　　晶瑩的清晨，被早起的陽光敲醒。對著鏡中的她，我微笑著回應，不須言語，我們已做足了準備，準備迎向新的一天。
> 　　我重新認識了自己。

嶄新的自己，不同以往。以往是「孤僻」（第三段）、「厭倦人群」（第

四段）、現今「渴望自由，渴求孤獨，渴求枷鎖的解脫」（第五段）。第六段寫自己在文學、科學、哲學中得以悠遊自在，釋放以往負面情緒：

> 原來，這才是我，並非囚困於象牙塔中，亦非人間煉獄，我乃獨來獨往的一匹狼，長嘯於彼遙無一物之天地。自在、瀟灑，這就是我，對狼一般的自己，逐漸熟悉，甚至駕御，不讓太多寂寞凌駕我的靈魂，不使世俗的魔爪扼住我的咽喉，我要盡情馳騁，在蓊鬱的荒野，在明月皎潔的夜空，對月咆哮高歌。

在文學中不孤獨，在科學中奔馳，在哲學中遨遊；悠遊在智慧結晶的浩瀚世界，尋找自己內在價值，認識真正的自己。第七段、第八段結尾：

> 　　從原先對自己的不解，我逐漸熟悉了自己，掌握了自己的心之所向，駕御自己狼一般豪邁不羈的本領，認清了世俗的迂腐，接納了面具下的殘缺，肯定了初衷的我，鏡中那天真爛漫的我，不加修飾而顯自然率真，雖不嬌豔而活潑可愛，雖孤僻而非自命不凡的氣度。
> 　　從陌生到熟悉，鏡中的她，將是我永遠的鍾子期……

人生就是「認識自我」的追尋，接受世界，面對更真實的自己，絕非矯情狂妄，而是自然真淳，天然本色。結尾與首段相照應。「鏡中的她」就是「我」，一輩子的知音。

　　然就編號一和編號三的結尾相較，編號一無疑更勝一籌；能夠自

貓的視角出發，出人意外，入人意中；也只有作文高手、創作達人，才能有此功力。

## （二）總分總

　　總分總是「總括──分論──總結」的三層結構，猶如論文中的「緒論」（第一章）、「討論」（第二、三、四章）、「結論」（第五章）。似此結構，最容易出現在議論文、知性題，最擅於條分縷析。尤其在「分論」時能正反對比，如彭端淑〈為學一首示子姪〉；或排比分類，如羅家倫〈運動家的風度〉等；藉由比較異同，演繹歸納，無不言之有物，言之有序，明確舉例，得以以理服人。圖示如下：

　　當然「總分總」中的兩個「總」，仍有所不同。第一個「總」是概括總說，第二個「總」是歸納作結。大抵第一個「總」是鳳頭，第二個「總」是豹尾；而如何在結尾大力振起，一錘定音，是這類結構的本領所在。

　　今以〈審己以度人〉為例，編號一範例，首段總括概述「人貴自知」：

　　　　在評價他人之前，必須先認清自己的能力，曹丕即說過：「審己以度人」。在還沒理解整件事情的難易度與自身能力所及之前，隨意發表意見只會顯得愚蠢，無知！

第二段舉街舞創始人之一亨利・林克的事例：

> 　　街舞創始人之一：亨利・林克，即是審己以度人的模
> 範。在八零年代，舊的舞風已漸漸不合時宜，無法表現出
> 當時正在改變的音樂。亨利並沒有任意批評先人舞風，他
> 先認清自己的身體：太高，無法做出更誇張的體操式舞
> 步，於是他改變跳舞模式，往精緻路線前進，更在觀察前
> 輩舞技後，也覺得有可取之處。終於，他創造出全新舞
> 風，並成為街舞中的一代宗師！

在「自知」、「知人」中，得以獨樹一幟，揚名國際。第三段舉自己
學舞經驗為例：

> 　　剛學舞時，我沒有亨利審己以度人的能力。時常覺得
> 有些舞步不甚好看，十分平凡。對於其他人的舞技，我都
> 覺得沒什麼了不起。直到有一次，我看到自己表演時的影
> 片，才驚覺其實很多看似平實的舞步，若是沒有出對力
> 量，或是沒有抓住那拍點，便無法顯現它應有的張力。終
> 於，在認清自己技不如人後，才慢慢發現很多舞者在營造
> 音樂之感覺時都具巧思。許多動作，更是在千錘百鍊之後
> 才有如今的樣貌。這也是亨利在看前輩時所體會到的，所
> 以才能把前人優點加上自己的創意融合成偉大的舞蹈。

經由主觀「自以為是」，至客觀照見「技不如人」；更加體會亨利・林
克的獨特之處，正在於「知己知彼」跨越融合的創新。結尾第五段：

「審己以度人」不只用於跳舞，在學習任何事物時都應持有這樣的態度！才不會變成陷阱之蛙，自以為是的困境，認清自己，再去觀察別人，便會有新的收穫，並能不斷充實自我！

總括分論，提出學習應有的態度。「認清自己」、「觀察別人」才能客觀中肯；在換位思考中才不至於崇己抑人，才能面面俱到，有所成長精進。

至於編號二範例，首段即引名言佳句破題：

老子的《道德經》有言：「知人者智，自知者明。」誠如所云，身為人，我們常常會憑藉自己的長處，去輕視別人的短處。但這不是明智的作為，更是令自己陷入框桎封閉的泥淖中。要去評斷別人的優缺，亦或學習處世的道理，我們都不能忘記「自知」的重要性，唯有先知自己，才得以追求更高境界。

在人際智能上，只有「知己知彼」才是明智之舉。其中「知己」，更為重要。第二段舉自己學吉他的經驗：

學習求知也是如此。以我為例，我在一開始學習吉他的過程裡，因為曾經學過小提琴的緣故，而十分如魚得水。在社團裡，當別人還苦於基本練習的無限輪迴中，我卻自鳴得意，著手於高難度歌曲的彈奏。當他們因基本技巧的不足而被學長痛罵時，我卻驕矜自縱，在學長面前展現了我的技巧。但當演奏完時，學長接過了我的吉他，並

彈了和我一樣的曲目，我陷入了驚愕和懼怕之中，因為我以為的完美，在學長技高一籌的彈奏下，簡直是班門弄斧。自那時起，我才深刻的瞭解到，原來之前的我壓根沒認清自己的實力，還為此洋洋得意。因此，我便不再執泥於自己的世界裡，在學習吉他的路上，我更懂得要隨時審察自己，更知道「一日三省吾身」的重要。

見證自鳴得意，徒留笑柄，需知「一山還有一山高」，真的要有自知之明，知人之智。第三段舉茶道精神：

> 「審己以度人」的道理，除了在求知外，更在生活的每一處。茶道的精神便是最好的例子，三千家始祖，同時也是茶聖的千利休曾說：「和以行之，敬以為質，涓以居之，寂以養志。」在茶道的世界中，不論是主人或客人，都要抱著謙遜的心情來赴會。在繁複的禮儀程序後，所飲下的那碗茶，不只是與自然萬物合而為一的調息，更是能清楚透徹自己身心的鏡子。透過審度自己，沈澱內心，用茶者和招待者都能參透更恢宏的境界。如莊子所說的「用心若鏡」，無論是在茶道裡，或是其他生活的作為，我們都要能夠認清自己，才能有更澄澈的，洞悉這個奧妙的世界。

茶聖千利休所言、莊子所述，均強調清明寧靜，不受蒙蔽，認清自己，才能看清別人，洞悉世界。第四段結尾，再引名言佳句：

> 《論語》說：「不患人之不己知，患不知人也。」我

想，在「審己」過後，更可貴的是也能夠瞭解他人。人生中，我們不能沒有「審己」的能力，更需要有「度人」的眼光。因此，對我來說，審察自己，就是一種生活哲學，在未來求學求知的途中，亦或修己處世的態度，我都會隨時審察自己，去追求更高的超越。

強調「審己」、「度人」雙管齊下，才能客觀衡量，照見全貌，得以知己知彼，邁向卓越。

就兩篇範例相較，可見論述說理，務必正確舉例說明，立場堅定，清晰闡釋。尤其第二篇首尾引用老子、孔子名言佳句，別有會心，彰顯文化素養，更讓人印象深刻。

### （三）正反合

「正（A）反（－A）合（A＋－A）」是辯證性思維，聚焦動態的複雜變化，在肯定中有否定，否定中有肯定，直指對立的統一、質量互變，相反相成的悖論。如太極圖所示：

洞悉白中有黑點，黑中有白點；禍福相倚，吉凶相藏，否極泰來，互動變化；由正而反，由反而上揚，展現辯證性的思維，最為幽微深刻。

　　相較於靜態的形式邏輯「正（A）、反（－A）、正（A）」、「反（－A）正（A）反（－A）」的結構，辯證性思維明顯在第三層上拉高擴大，呈現更全面的覺察，更深刻的洞悉。歷來周易、老莊、佛學、孫子兵法，無不於此各顯精采。圖示如下：

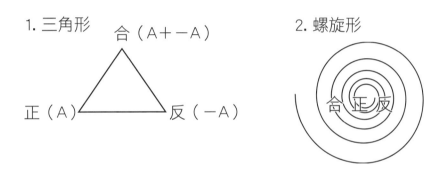

1. 三角形　合（A＋－A）　正（A）　反（－A）

2. 螺旋形　合正反

　　今以藥山惟嚴公案為例：

　　藥山惟儼禪師有一天在庭院裡散步，弟子道吾與雲嚴在旁邊隨侍，藥山指著兩棵樹，一棵是枯乾的樹，一棵是繁茂的樹，問道吾說：
　　「是枯的對，還是榮的對？」
　　「榮的對。」道吾說。
　　藥山說：「灼然一切處，光明燦爛去！」
　　然後轉向雲嚴：
　　「是枯的對，還是榮的對？」
　　「枯的對。」雲嚴說。
　　藥山說：「灼然一切處，放教枯淡去！」
　　這時候，有一位小沙彌走過，藥山把他叫住，問他：
　　「是枯的對，還是榮的對？」

　　　　小沙彌說：「枯者從他枯，榮者從他榮。」
　　　　藥山說：「不是，不是。」

就二分而言，榮是「正」（A）、枯是「反」（－A），兩者屬於排中律，不能有第三種選擇。但就辯證而言，更深刻的洞悉是「對立的統一」；樹是有枯有榮，密不可分，枯榮一體，才是更究竟的認知，更全面的觀照。

　　其次，以共構圖為例：

即可讓莘莘學子體會「正反合」的結構變化。筆者試寫如下：

1.　一個妙齡少女，烏黑秀髮，繫披蓬蓬白絲巾；纖細脖
　　子間綁上小絲帶，側著臉，默默直視前方。
　　前方再向前延伸，就是遠方，就是沒有去過的地方，
　　也就是她夢想的地方。在彼岸的都會裡，總有一天，
　　夢想會開花，她將站在舞臺中央，接受觀眾如雷的掌
　　聲。然而這個夢想在她車禍時，倏忽幻滅。心念電
　　轉，她不禁眼眶泛潮。

2. 老婦鷹鉤鼻，緊抿雙嘴，下巴特別凹陷，斂眉不語，
兀自愁苦，直瞧腳跟前。化不開的心事彷彿黑沉沉的
黑大外套，壓在她身上。

人生至此，天道寧論。忙了半輩子，老伴在戰火中倒
下來。兩個兒子上前方打仗，命運跟著命令走。戰爭
是一張老婦的臉，沒有一絲笑容，只有一片荒寒，彷
彿看不到路的盡頭，看不到苦盡甘來的一天。

3. 今天的少女是明天的老婦；今天的老婦是昨天的少
女。長溝流月去無聲，一晃四十年，朝如青絲暮成
雪，時間作弄人間，誰能做永遠的少女，拒絕老化？
審美的更高層次是審醜，少女有青春之美，老婦有歷
盡滄桑之姿。青春少女，熱力四射，往往天真無知；
雖大膽追愛，也要小心謹行。風霜老婦，過盡千帆，
淡定平靜，切忌槁木死灰；仍要有一顆少女心，綻放
生命的火花，迎向明天的太陽。

　　圖中第一眼看見「少女」，第二眼看見「老婦」，第三眼看出「少
女」與「老婦」的統一。因此，第一段寫少女，是「正」；第二段寫
老婦是「反」，第三段寫少女和老婦的因果變化，是「合」。就時間
先後而言，只有少女、老婦的對峙；但就整體觀照，少女和老婦密不
可分，始於少女，終於老婦，才是人生的全貌。而人生的全貌，正是
由「非此即彼」，至「亦此亦彼」；由「對立」至「對立的統一」；由
簡單的形式區分，邁向複雜的動態變化。

## （四）層遞

　　層遞力求層層深入，藉由時間、空間的比例，事理的演繹，形成

「Ａ－Ｂ－Ｃ」三層的推論，可分遞升（前進式）、遞降（後退式）兩類。

　　「遞升」力求由淺而深，由輕而重，由低而高，由近而遠，由始至終，由本至末，形成升級的視野，進境的推論。「遞降」則反之，每下愈況，依序退化。古今詩文如：

1. 柳宗元〈江雪〉
2. 歐陽修〈醉翁亭記〉
3. 蔣捷〈虞美人〉
4. 《六祖壇經》風動、旛動、心動
5. 余光中〈望海〉
6. 劉墉〈隨時、隨性、隨遇、隨緣、隨喜〉
7. 黃永武〈笑話三境界〉
8. 趙曉君〈鏡子〉

均採層遞結構。大抵圖示如下：

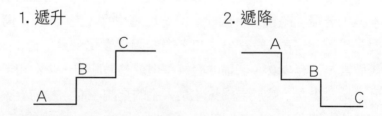

1. 遞升　　　　　　　　　　2. 遞降

　　今以傅佩榮〈三個蘋果〉為例，第一部分寫〈夏娃的蘋果〉，結尾道：

　　《聖經》不是推理故事，它是以神話方式描述祖先的起源，

藉以說明人類現狀是怎麼來的。簡而言之，人類的一切罪過是咎由自取，怪不得上帝。後來有關原罪的說法亦由此而來。依此看來，夏娃那顆果子（或者勉強稱為蘋果）實在太重要了。沒有那顆蘋果，人類根本無法成為人類。

指出遠古時代人類的起源。第二部分〈牛頓的蘋果〉，結尾道出，牛頓在十七世紀的重要：

> 牛頓讓我們得到光明，可以看清宇宙的真相。這種說法不能說沒有道理。當然，牛頓的物理學在二十世紀初期已經被現代物理學（如相對論、測不準原理、量子論）所修正及部分取代了。緬懷牛頓，能夠忽略那顆打在他頭上的蘋果嗎？

牛頓讓人類脫離古代蒙昧的宇宙觀，走向科學。第三部分〈賈伯斯的蘋果〉中揭示賈伯斯的真正名言：

> 我在思考這個問題的時候，一位朋友告訴我，說賈伯斯留下的資料中有這麼一句話：「我寧願以自己一生在科技上的成就與榮耀，換取與蘇格拉底相處的一個下午。」我聽到這句話，也來不及查證，就在心中暗自稱讚賈伯斯不愧是一個知識分子。他無愧於西方知識分子的傳統，因為他肯定精神價值的無比重要。

指出當代科技精神要與希臘人文精神接軌。最後一段道：

於是，我向賈伯斯致敬，因為他如此明智，懂得自己一生的成就也「換不到」與蘇格拉底相處一個半天。科技人才能有這樣的念頭，才配得上知識分子之名。然而，我們的科技界有誰想盡辦法與像「孔子、孟子、老子、莊子」這樣的賢哲相處半天呢？

推崇賈伯斯的宏觀視野，而真正當代知識分子不能眼中只有科技，缺乏人文經典的智慧。全篇統一於「蘋果」，由神話至十七世紀科學革命，再至二十一世紀的尖端科技，正是人類文明的遞升，展現作者徹上千載，徹下現代，博通整體的獨到涵養。

另以徐國能〈惑〉為例，首段破題：

惑，從心或聲。這意味著一切的執迷、惘然以及伴隨而來的焦慮及痛苦等，都是從我們的心中開始的。

從形聲字上（「從心或聲」），指出惑是心的無知與執迷。第二段謂吾輩生而有惑，往往表現在宗教、文學、哲學上：

宗教與哲學往往也是為了解答我們的大哉問：我是誰？何來何去？存在之意義若何？而文學與藝術則透過表現人生裡種種的「惑」，來產生情緒上的共鳴與紓解：「荊蠻非吾鄉，何為久帶淫」，這是對時代蹂躪個人生命的長嘆：「今年花落顏色改，明年花開復誰在」，這是對青春易逝的無限惘然：「淚眼問花花不語，亂紅飛過秋千去」，這是情感上的癡迷：「良辰美景奈何天，賞心樂事誰家院」，這是對追逐繁華的反思。這一切無非顯示著，人生而有

惑，且終身不渝。孔子自稱「四十不惑」，欣慰之中，似也感嘆要能認清人生誠屬不易，聖人尚且如此，何況我輩呢？

第三段強調「解惑」之必要。第四段指出解惑在於由主觀走向客觀，認清廣宇悠宙中的究竟真實：

> 有時，在一陣春風裡，我突然領略了它帶來了年華，亦將帶走一季的燦爛，因此明白了無常的本然與順應的方法。或者，在從激昂而徒然轉入輕緩的樂章中，我亦品味出了生命在不同的當下，都隱含著極深極美的韻味，苦澀與甘美纏繞如一杯逐漸涼去的茶。又或者，在一顆飛向外野無盡藍天的棒球中，剎那了悟人生裡有太多的東西值得追尋──蘇軾說江上之清風與山間之明月都是我們的無盡藏，那不僅是感官享受上的遐寶，同時更是理智上的啟迪。

漸漸由萬相照見本體，由剎那至永恆，由變至不變，人生進而由「感知」擴大為「感悟」。結尾呼應首段：

> 因此，人生固然有感，但我們並不需要一位先知或一根禪杖來隨時解答我們的疑問，只要將心敞開，朝向天地自然與歷史文化，感受世間點滴所揭示的言外之旨，或許我們便可獨有領會，釋盡疑惑所帶來的煩憂。不再有「心」，便不再有「惑」，那「心」指的是成見、偏執、貪慾、忌妒或自卑，當我們放下這一切，就如迎向寬闊大海，縱然

「海濤悲湧參藍色，不答凡夫問太玄」，但所有的答案，
不就已在白鷗輕揚的煙波之外了嗎？

指出人生貴於吾心真切打開，拓寬視野，跨越「心」的偏執，走向
「歷史文化」、「天地自然」；由內省智能，擴大至人際智能，最終邁
向存在智能。全篇正是由「惑」走向「豁」，朗暢豁達，繁華落盡，
拈出「放下」的真諦。前後依「文字、文學、文化」脈絡，上揚遞
升，直指生命應有的向度；正是由近而遠，由小而大，展現「感性、
知性、悟性」的進境。

綜上四種結構，重點有三：

1. 「今昔今」、「總分總」，偏重形式，以「變化中求統一」為
主，易於掌握。國中、高中作文多以這兩種為主。
2. 「正反合」、「層遞」，兼及內容，注重「統一中求變化」，難
度較高，常出現在創作上。
3. 由「今昔今」、「總分總」邁向「正反合」、「層遞」是結構的
精進，思維的開拓，亦是由作文邁向創作的進境。

## 四、三層結構的訓練

三層結構，以意義段為脈絡，展開「頭、中、尾」的三分敘述。
元朝喬吉妙喻三者分別為「鳳頭、豬肚、豹尾」，指出：

大概起要美麗，中要浩蕩，結要響亮。尤貴首尾貫穿，意
思清新。（元陶宗儀《南村輟耕錄》卷八所引）

可謂言簡意賅，最為作文教師援用。今自此三層結構分別加以討論。

（一）鳳頭

　　鳳頭即精采破題，猶如漢堡的第一層，首先要蓋住重點，直奔主題。其次，要言不煩，開門見山，講清楚，說明白，條理清晰。

　　今以大考中心〈人間愉快〉範例，加以比較。兩篇首段：

1. 　　熙和的陽光自樹梢篩落點點金黃，剝開一片澄黃，自此踏上了人生的道路。也許是和緩而寬闊的草原，自遠而近一片綠意盎然外與天際，也許是一條曲折盤旋的羊腸小徑依傍著山的稜線，蜿蜒而上；也或許是一片蓊鬱的叢林，一路茂密濃蔭遮蔽了奧藍的蒼穹，溼氣陰冷襲來，水氣氤氳中，縹緲的視野在眼中模糊，卻總在懷疑盡頭不見路的蹤跡時，遇見柳暗花明。

2. 　　我習於蒐集被流光遺落的記憶，把自己放逐在時間的流域之外，生活本是一種精雕玉砌的巴洛克建築，我無法精準辨識那繁複的結構，卻悉心蒐集了每一片彩色琉璃的祕史，因為那些都是生命的彩繪，人間的愉快。

第一篇以畫面取勝，在三種「也許」的風景中，揭示「柳暗花明」的驚喜，別有新境。第二篇由「生活」的譬喻出發，藉由「巴洛克建築」的繁複，難以一窺全貌究竟，可以在一片片彩色琉璃中，捕捉每一天的亮麗。凡此開局，均文彩耀目。但細加判別，仍以第一篇更優。

（二）豬肚

　　豬肚即內容豐富，猶如漢堡第二層內餡，可以加任何配料，形形色色，全看個人口味。大抵首重多樣化，鋪陳擴大；次重層次感，能進一步引申。

　　今以心測中心〈常常，我想起那雙手〉範例，加以比較。兩篇豬肚呈現：

　　1.　　父親的職業總是引起許多人的好奇心——有一個作畫家的爸爸該會是多麼羅曼蒂克的事啊！多數人認為，我們家必定有著巴洛克時期富麗堂皇的裝潢，登門造訪的，都是些文人墨客，或者，十天半個月就要到音樂廳接受一番藝術的洗禮。然而，我們家只有「沙——沙——沙——」的聲響，日日夜夜，都是「沙——沙——沙——」。

　　　　父親是以版畫為主業的藝術創作者。每當金屬製的畫具和鋼板、蝕版、木板、塑膠板相遇時，一派和諧的交響樂便開始演奏了。首先登場的是較粗的筆頭，它們像吹出第一樂章主旋律的單簧管，清楚分明地勾出輪廓。接著是粗細適中的圓頭兒繪具，它們像弦樂家族細說每一首曲子般，用心地傳遞著每一幅畫的故事，使細條更加生動，讓精髓具體呈現。最後出場的是極細的針筆，它們像末段激起高潮的定音鼓，在畫中，它們扮演的是光影的魔術師，給灰暗的墮落帶來恐懼不安的氛圍；或者，給春光明媚的大地帶來生命和成長的喜悅。我真不敢相信，父親活像是舞臺

上神氣的指揮家，以那雙富有想像的手，為大家帶來視覺的饗宴。

父親是以版畫為主業的藝術工作者。在寒冬寂靜的夜晚，他用那雙細瘦的手拿起畫筆和孤獨搏鬥；在溽暑燠熱的午後，他用那雙滄桑的手拿起繪具向疲憊掙扎。一筆一畫，他把青春的神采和飛逝的光陰刻了下去；一橫一豎，他把年少的健康和燦爛的夢想畫了上去。有多少天真的幻想和陳舊的畫紙一起被收進櫥櫃？有多少尚未實踐的旅程和不成熟的作品被一同棄置？常常，我想起那雙手，本該是向天空競逐的那雙手，卻只握住了皺紋！卻成了為這個家付出的一雙手。

2.　依稀記得阿媽的手是魔術師的手，年幼時與兄弟姐妹們圍繞在她身旁時，阿媽的手就為我們編織出許多玩意，女孩們可能會得到一個花環或一條手鍊，男孩子則有竹蜻蜓、竹槍可以玩耍。新年時，觀念依舊保守的阿媽會為一家子縫製新衣，將她的關愛密密縫在衣裡，使我們感到無比溫暖。

阿媽的手也是培育果樹的手，阿媽家世世代代都以農為主，自幼便在田裡幫忙，嫁給阿公後，就悉心照料阿公的芭樂園。那些顏色翠綠的果實，就好比是阿媽的孩子一樣，我小時常聽見阿媽站在樹下，一邊撫摸那些圓滾，一邊唱著閩南歌謠，她手掌的紋理似乎和面前的樹幹融為一體，一直蜿蜒至芭樂的核中。

兩篇相較，各擅勝場。第一篇第三段將版畫譬喻，沙沙沙的聲響猶如

交響樂。交響樂中包括第一樂章單簧管，第二樂章弦樂家族，第三樂章是高潮的定音鼓，爸爸是神氣的指揮家。第四段描繪爸爸孤單的身影，善用虛實手法，如「把青春的神采和飛逝了的光陰刻了下去」、「把年少的健康和燦爛的夢想畫了上去」等，比起第二篇中樸素的敘述描寫，明顯生動。尤其兩篇都用「魔術師」來譬喻，但兩相比較，爸爸的視覺饗宴，比起阿媽的編織，更為豐富變化。

　　此外，在議論文、知性題上，掌握豬肚的內涵，應文思縝密，力求詳盡。以「感情」的分析為例，不宜只停留在「愛」與「恨」的二分對立，還可進一步提出第三種「冷漠」。「愛」的相反詞，並非「恨」；「恨」是心中不甘，不和諧的激射，過不去的陷溺。真正「愛」的相反詞，是「冷漠」，完全疏離，漠不關心，兩不相涉，不再有任何瓜葛。

　　其次，論及人與人之間「感情」的進境，不應只有「多情」、「無情」二分。事實上更高明的境界，是由「多情」、「無情」，提升至「無執情」；不執著於多情，也不陷溺於無情，沾而不滯，過而不留。凡此，即由常識邁向見識，由前兩層的「分類」、「分關係」，展現更精彩的「分層次」（第三層），剖析深入。

（三）豹尾

　　豹尾即結束有力，猶如漢堡的第三層，底部要整個托得住；和第一層一起拿時，穩穩夾得住。因此，首重前後呼應，頭尾銜接；次重卒章顯志，再現深意。

　　今以〈我看歪腰郵筒〉兩篇範例結尾，加以比較：

1.　子曰：「邦有道，危言危行；邦無道，危行言遜。」
　　如果颱風象徵亂世，那麼苟全之道就是保持低調。或

許，「歪腰」也是一種幽默、機智、言遜的嗆聲方式
吧！

2. 誰說一切都要端端正正？誰說生活就得一板一眼？從
原本人們不以為意、因颱風而意外成為眾人注目焦點
的郵筒，我們可以瞭解：只要一點點改變，生活就有
情趣；只要放下眼前，不管是你還是我，都能回到天
真的從前！

第一篇結尾引孔子名言，強調面對亂世，不必硬碰硬，歪腰低調也是
一種智慧，換個角度看世界。第二篇結尾指出生活不必都端端正正，
一板一眼，可以放下嚴肅，放鬆自己，境由心造，擁有純真活潑的
心，「歪腰一下」就是點點滴滴的趣味。兩篇結尾，都能由開頭的敘
述，進而揭示不同的體會，總結歸納，言之有理。

　　事實上，就鳳頭、豹尾相較，鳳頭為「好的開始是成功的一
半」，先聲奪人；而豹尾是「只要結局好，一切皆完美」，畫下美好
句點。無可置疑，豹尾的一錘定音，打破「再而衰，三而竭」的缺
失，絕對比鳳頭的引人注意，更能鏗鏘有力，提振前文，展現精采。

　　事實上，在創作亦然。以孫梓評最短篇〈我的爸爸〉為例：

　　　　「我的爸爸是指揮家。」

　　　　上說話課的時候，題目是〈我的家人〉，於是我這樣
　　　介紹著爸爸。班上的同學一陣譁然。下課時，英慈好奇地
　　　問我：「你爸真的是指揮家？那他最喜歡蕭邦、貝多芬，
　　　還是莫札特？」我微笑地搖了搖頭，沒有回答。

　　　　放學時，我和英慈手牽手一起過馬路，看見爸爸挺直
　　　地站在十字路口中央，他很專注地指揮著城市。爸爸對我

眨了眨眼，流動的車流像音樂，馬路是五線譜，我和英慈
如同兩個裝飾音，輕巧地經過。

換個角度，以「指揮家」重看爸爸的工作，形成敘述的趣味。全篇結
尾呼應，由於一開始「指揮家」的介紹，於是結尾我和英慈牽手過馬
路，不再是過馬路，而是迷入異想世界：「流動的車流像音樂，馬路
是五線譜，我和英慈如同兩個裝飾音，輕巧地滑過。」堪稱極富清新
想像的豹尾，化平凡為神奇。試若原作缺少這三組譬喻，僅以「爸爸
對我眨了眨眼，我和英慈輕巧地經過」作結尾，無疑將大為遜色，無
法成為佳作。

## 五、結語

依筆者多年作文教學經驗，尤其在考場，不必太強調「部分和部
分」的關係，而應探驪得珠，注重「部分和整體」的關係。事實上，
元朝喬吉在說完「鳳頭」、「豬肚」、「豹尾」的譬喻後，特別指出：

尤貴首尾貫穿，意思清新。[6]

可見一篇文章最重要的是「首尾貫穿」，前呼後應，一氣呵成。
此即完形心理學派所強調的「整體大於部分的總和」。因此，作文考
場時不必太強調「鳳頭」、「豬肚」、「豹尾」。不管任何題目，即一
開始破題，順勢衍申推展，結尾歸納，穩穩當當指出自己觀點，最為

---

6　明代陳善《捫蝨新語》云：「桓溫見八陣圖曰：此常蛇勢也。擊其首則尾應，
擊其尾則首應，擊其中則首尾俱應。予謂非特兵法，亦章法也。」可與「首
尾貫穿」相印證。

重要。只要展現「講清楚，說明白，道理自然來」的清晰深刻，必能脫穎而出，不必刻意在「鳳頭」上費時雕琢，顧此失彼。

其次，就三層結構而言，可以分三段，也可以分四段，但看學子在考場上時間的控制。就寫作四大規律（「統一」、「次序」、「變化」、「聯貫」[7]）相較，三段的三層結構，第一層為統一，第二層為次序，兼及變化，第三層為聯貫，很容易把握。反之，用在四段上，第一段起，重統一；第二段承，重次序；第三段轉[8]，重變化；第四段合，重聯貫。如此一來，通篇必能「意思清新」，令人刮目相看。

最後，作文最忌諱有頭無尾，虎頭蛇尾；務必要「善始」、「善終」，筆端有力。尤其在三層結構的安排下，多聚焦「改善」的結構模式[9]，以開低走高為例，始於困境，終於超越；先抑後揚中，開拓新境，展現幽默，發揮喜感，漸入佳境，揭示生命應有的氣度與高度，一錘定音，最能「首尾連貫，意思清新」，醒心豁目，發人深省。而此即為「取材立意」與「組織結構」的密切結合，有志於作文者當於此多加三思。

---

7　參筆者〈運用之妙──修辭的四大規律〉，見《修辭新思維》（萬卷樓，2001），頁 41-60。
8　就六頂思考帽觀之，「起承轉合」中的「轉」，即換思考帽，很容易察覺。
9　另有「惡化」模式，開高走低，始於合理，終於荒誕，先揚後抑，事與願違，則成小說中的「反諷」。

## ●●● 遣詞造句

### 一、前言

　　作文是充滿活力的語言建構。所謂的「活力」，即修辭立其誠，用語極淺，用情極真，用意極深；絕非崇尚美麗詞藻，雕琢巧飾，或賣弄艱深，晦澀難懂，不知所云。

　　意義最基本的單位是「詞」，因此遣詞講究清晰明確；積詞成句，文從字順，力求「句之清英，字不妄也」。大抵造句的兩大支柱，一為右腦形象思維的譬喻；二為左腦抽象思維的映襯（對比）；而遣詞中最能表現出「形文、聲文、情文」的精采者，主要有二：一為析詞，或解構或延展，彰顯創造性；二為同異詞，精準比較，展現判批性。兩者相輔相成，適足與核心素養中的「辨認真實」（知識）、「具體解決」（能力）、「認知全體」（態度）接軌。以下即依此要點，加以敘述。

### 二、遣詞

　　歷來跳出文法的分類（「同義詞」、「反義詞」、「近義詞」），最能發揮遣詞機智妙趣者，當推「析詞」[1]與「同異詞」。

#### （一）析詞

　　析詞係鬆動常見的專有名詞，讓原來的字恢復原本活力，找回原先的意義；同時，藉由一些字的加入，增字為訓，產生新的理解，激

---

1　另參筆者《一把文學的梯子‧析詞》（臺北：爾雅，1993），頁 85-93。

發新的妙趣。

### 1. 恢復原義

由於有些語詞習以為常，行之經年，慣性反應，已成固定用法；但加以拆解，恢復組合前的語義，往往呈現新貌，如：

1. 路人
2. 記得
3. 說教
4. 溝通
5. 忘記
6. 毒藥

第一例將「路人」拆成「路」加「人」，即「有路才有人」、「有人才有路」、「路是人走出來」的寓意。第二例將「記得」拆成「記」加「得」，自是「有記才有得」，沒有記哪會得到教訓？第三例將「說教」拆成「說」加「教」，讓原本只知「說不停的教訓碎嘴」，變成「少說多教」的熱情引導與示範啟發。第四例將「溝通」拆成「溝」加「通」，則有「有溝有通」的互動跨越，「溝而不通」的警覺針砭。第五例將「忘記」拆成「忘」加「記」，比原先只強調「忘」，多了「記」的提醒，以及「沒有記哪有忘」的調侃。第六例將「毒藥」拆成「毒」加「藥」，針對原先只有「毒」的標示，另有「善用者為藥，不善用者為毒」的雙襯陳述。其實，這樣的析詞，也可以從「標點」來鬆動。如：

1. 對牛彈琴
2. 魅力無窮

變成：

(1)　對！牛彈琴！
(2)　魅力無！窮！

第一例從嘲笑對方，反被對方將一軍；第二例則自我解嘲，變成暗黑版的「魅力無」和「窮」，只有這兩大特質。

　　現代作家行文，不乏析詞析理。如：

(1)　我提這個典故，不擬禁止後生拆卸物件，不擬防患來人冒險求知，只想請求智者少用心去「解」，多用力去「構」。能「解構」（deconstruct）很高明，但能「構解」（condestruct）更高明。革命不是只有「除舊」，應該還有「布新」。而往往除舊易，布新難。（董崇選《心雕小品》）

(2)　氣節本身就是矛盾統一的概念，所謂有氣有節。氣是正氣、志氣、義氣、骨氣，俠者便努力發揮「氣」這方面；節是節制、禮節、撙節、節操，隱者便努力發揮「節」這方面。有「氣」，才能進取，有「節」，才能有所不為。俠者和隱者都各有所偏，能中道而行的，只有儒者，所以說孔門中正，是大有道理的。（張系國《黃河之水》）

(3)　如果說，教育便是一種人性的管理，那麼，管理，管理，真正的理想教育，應該是少管多理吧？在這些學生即將向慘綠的青少年時代告別，而躍進成人世界的時候，對他們真正有益處的，也許不是教條式的告

　　誠，卻只是一分關懷、一點真正的愛心，和一些如及
　　時雨般，來得恰是時候的指引。（陳幸蕙《交會時互
　　放的光亮》）

第一例經由「解構」拆解，點出能破能「解」，純屬破壞；能立能
「構」，才是建設；而「破壞容易建設難」，凡有志者，宜多加用心。
第二例經由「氣節」拆解，點出俠者重「氣」，隱者重「節」，而大
丈夫能屈能伸，自當「有氣」、「有節」，並行不悖。第三例經由「管
理」拆解，點出教育的精神，不是一個口令一個動作的軍事「管理」；
只有少管多理，才真正合乎人性。亦如「說教」，少說多教導多示
範，以身作則，才是良策；只會數落學生的不是，將學生越罵越笨，
純屬下下之策。須知「教育是點亮蠟燭，不是注水入壺。」（嚴長壽
語）能溫暖召喚，才是良策。

　　最後，值得一提的是，析詞多用在「意義關係」的複詞（「合義
複詞」），不宜用在「聲音關係」的複詞（「衍聲複詞」）上。諸如「枇
杷」、「琵琶」、「玲瓏」、「阡陌」等，不能拆成「買半斤枇，半斤
杷」、「我彈了點琵，彈了點琶」、「月色有點玲，有點瓏」、「走在上
阡下陌」上，則不合乎遣詞語法，語意不通，完全破壞衍聲複詞的聲
音關係。

　　2. 增字為訓
　　增字為訓，即在語詞間添加字句，拉長衍生出新的解釋，發人深
省。如：

　　1. 聽說
　　　聽聽就好，千萬不要亂說。
　　2. 乾杯

　　乾到樂極生悲。

3. 困難

　　困在家裡什麼都很難。

4. 戒指

　　戒掉舊情人到此為止。

5. 修行

　　修正自己的行為。


第一例將「聽說」增字延展，指出謠言止於智者，智者之口在其心，拒絕以訛傳訛；愚者之心在其口，只會搬弄是非。第二例將「乾杯」增字延展，警惕切莫受「杯底不可飼金魚」影響，拚命喝，結果喝酒誤事，須知酒是穿腸的毒藥。第三例將「困難」增字延展，指出困在家裡，只能坐擁愁城；只有跨出畫地自限，不畏困難，尋找機會，才有機會。第四例將「戒指」增字延展，指出戴戒指的態度，宜自律自重，揮別過去，完全斷捨離，不再有任何瓜葛。由是觀之，「戒指」也是一種「戒律」，用來保護自己。第五例將「修行」增字延展，指出修行的初步，要能「覺非」，覺察過去錯誤的思想、行為，加以懺悔、改過修正；從此勇猛精進，由戒生定生慧。

　　事實上，似此增字延展，頗能一語中的，照見精義所在。如「出家」一詞，在海濤法師解說下，即：


　　出感情的家，
　　出欲望的家。


自有修行的積極意義。「出感情的家」，是化小愛為慈悲大愛，「出欲望的家」，是化有執為無執，由有我而無我。須知「家」又與「枷」

雙關。至於「學生」一詞，林明進的解說，最為精闢：

> 學「生」，要學「陌生」的知識。
> 學「生」，要學「生存」的能力。
> 學「生」，要學「生活」的趣味。
> 學「生」，要學「生命」的價值。
> 學「生」，要學「求生」的力量。
> 學「生」，要學「生生不息」的使命。（林明進〈學生——
> 每一個人都有一個人生〉）

每個人都曾是學生，一輩子都在學「生」的不同格局。從「生存」、「生活」、「生命」，終至精神生命的「慧命」，在「真、善、美、慧」中傳薪傳世，生生不已，勇猛精進不退轉。

就「析詞」中的兩類相較，第一類的「恢復原義」，相對容易發揮。如台灣大哥大簡訊文學獎中，不乏此類得獎作品：

> 1.　你別來，我無恙。
> 2.　民國百年，我們好合。
> 3.　政府畫餅，百姓充飢。
> 4.　政府吟詩，百姓作對。

均自成語「別來無恙」、「百年好合」、「畫餅充飢」、「吟詩作對」中加以拆解，巧妙影射時事，另見新義。

至於第二類「增字為訓」，則為有識之士的別有會心，抉幽發微，靈光乍顯，展現個人獨到的領悟。

（二）同異詞[2]

　　同異詞是「同中有異」、「異中有同」的詞語，特別藉一字之同，形成關連，藉一字之異，前後對比，突顯精義所在。可分「字數相等」、「字數不相等」兩類。字數相等，有一字相異。如：

1. 兩個字
   「悲哀、悲壯」、「成長、成熟」、「打擊、撞擊」等。
2. 三個字
   「看對眼、看走眼」、「不相見、不相戀」、「蓮花指、蓮藕指」等。
3. 四個字
   「一無所有、一無所懼」、「相互求全、相互成全」、「理歪氣壯、理直氣壯」等。

至於字數不相等，有一字之差，如：

1. 「真愛、真愛錢」、「小心、小心肝」、「存在、存在感」等。
2. 三個字、四個字
   「愛人民、愛人民幣」、「都是人、都是人渣」、「吃螺絲、吃螺絲釘」等。
3. 四個字、五個字
   「龍的傳人、恐龍的傳人」、「死人的眼睛、迷死人

---

2　可參筆者《一把文學的梯子‧同異詞》（臺北：爾雅，1993），頁 23-36。

的眼睛」、「大而化之、大而腐化之」等。

同異詞的運用，主要分「分析比較」、「演繹歸納」兩類。

1.　分析比較

古典詩文中，同異詞的造句，精光奕奕，無不一躍為名言佳句，琅琅上口。如：

(1)　哲夫成城，哲婦傾城。（《詩經》）

(2)　人心唯危，道心唯微。（《尚書》）

(3)　玩人喪德，玩物喪志。（《尚書》）

(4)　反者道之動，弱者道之用。（《老子》）

(5)　種樹者必培其根，種德者必養其心。（王守仁）

第一例指出聰明男子興利，安邦定國；美貌女子卻能傾國傾城，動搖國本。第二例謂「一心開二門」，人的本性很好，習性很差；道心是本性善良，微妙精湛；人心是習性，貪瞋痴慢。因此，一念上天堂，一念下地獄。第三例批判玩弄同事友人，欺矇拐騙，毫無德行可言，自甘下流；至於沉迷聲色犬馬，不知適可而止，往往迷失清明理性，不知設下停損點，自毀長城。第四例剖析道的本體，是「反」（相反、往返、循環），動態變化；道的運用是弱（柔弱），不逞強，不硬幹，甚而示弱，讓一步，退一步，以退為進。第五例揭示「種樹」、「種德」的異同，前者注重培根固本，後者重養心，存道心（本性），去人心（習性）。凡此比較剖析，言之有理，言之有味，迄今已成文化中珠玉寶藏。至如現代佳例：

(1)　佛教以人為本，在「放生」之上，更應該提倡「放人」，放人一條生路：給人信心、給人歡喜、給人希

望、給人方便、給人離苦、給人救濟、給人因緣，能
夠幫助別人，讓人獲得幸福，才是積極的「放生」。
（星雲法師《百年佛緣》）

(2) 人生「需要」的不多，「想要」的很多，想要的可以
不必要。（聖嚴法師）

(3) 手心向下是助人，手心向上是求人；助人快樂，求人
痛苦。（證嚴法師《靜思語》）

(4) 沒有不景氣，只有不爭氣。（流行語）

第一例揭示「放生」最高境界是「放人」，並將「放人」增字為訓：
「放人一條生路」，即助人，能「六給」（信心、歡喜、希望、方便、
離苦、救濟、因緣），展現慈悲大愛。第二例藉由「需要」、「想要」、
「不必要」的對比，指出「想要」、「不必要」都是貪嗔痴的非分妄
想，妄想終究是看不清，均成虛妄。第三例藉由「助人」、「求人」
的對比，指出要做個手心向下的人，助人為快樂之本。大凡仰人鼻
息，處處看人臉色，何樂之有？第四例可以和「與其生氣，不如爭
氣」（趙寧）合看。在不景氣年代，更要洞悉「危機就是轉機」，只
有「爭氣」的「多一條思路，多一條出路」，「爭氣」的「隨順因緣」，
進而「創造因緣」，才是生命的韌性，磨練的積極意義。「生氣」只
是嗔心，只是負面情緒的宣洩，用別人的過錯來懲罰自己，於事無
益。

　　2. 演繹歸納

　　演繹歸納，往往藉由三個同異詞，加以開展。在排比、層遞中或
演繹，或歸納。

　　古典詩文中如：

(1) 知之者不如好之者，好之者不如樂之者。（《論語》）

(2) 一年之計，莫如樹穀；十年之計，莫如樹木，百年之計，莫如樹人。（《管子》）

(3) 物忌全盛，事忌全美，人忌全名。（呂坤）

(4) 或生而知之，或學而知之，或困而知之，及其知也，一也。（《禮記》）

(5) 天知，神知，我知，你知，何謂無知？（《後漢書》）

前三例是演繹，後二例是歸納。第一例層遞，剖析讀書「知之」、「好之」、「樂之」三境界。第二例亦層遞，由「樹穀」、「樹木」、「樹人」，花費的時間越來越多，難度越來越高，無法速成。第三例排比，強調亢龍有悔，「滿招損，謙受益」，凡事均應留有餘地，猶如曾國藩書齋，取名「求闕」深意。第四例分析三種學習模式，殊途同歸，學生秉性差異，不必強求。第五例指出即使在密閉空間，均有四隻「看」的眼睛，歸結神人共鑒，不可心存僥倖。因此，君子慎獨，不欺暗室。

現代作品中諸如：

(1) 學會照顧自己叫成長，學會照顧別人叫成熟，學會照顧多數的人叫成就。（張青松）

(2) 忙了老半天，沒有功勞，只有苦勞；沒有苦勞，只有疲勞，叫人寒心。（錦池）

(3) 馬拉松比賽，講究的不是快速，不是慢速，而是配速。（流行語）

(4) 真正談感情，不是主動，也不是被動，而是互動。（流行語）

第一例指出成長三境界，由「目中有己」、「目中有人」，至「目中有眾生」，格局決定結局。第二例指出瞎忙的悲哀，不知所為何來；只有盲與茫，到頭來沒有人感激，徒留沮喪。第三例藉由轉折變化，指出跑馬拉松的竅門，在於配速得宜，最後脫穎而出。第四例則點出感情的康莊大道，不是一面倒，單方使力，而是雙方共同付出，在互動中相激相盪，心心相映，綻放出愛的火花，長長久久，照亮彼此。

## 三、造句

　　作文中的造句，以形象思維的「譬喻」與抽象思維中的「映襯」（對比）為主；譬喻藉形象以思維，景中有情，景中寓理，表現感知、感染、感悟。映襯藉二元對立以思維，經由分析比較、演繹歸納，表現立意的鮮明、犀利與批判。

### （一）譬喻

　　譬喻的形式有四部分：本體（A）＋喻詞（B）＋喻體（C）＋喻解（D）。其中以「喻體」、「喻解」最重要。「喻體」是形象思維，藉由具體與具體、具體與抽象的相似，綻放想像的火花；喻解是抽象思維，藉由知性說明，拈出認知的理解，堪稱譬喻的靈魂，最能說出深刻的見識。

　　1. 喻體

　　就喻體而言，聯想無窮，靈活變化，可以用來比喻具象，也可以比喻抽象。如：

　　　人生像茶葉蛋，要有裂縫，才能入味。（廣告）

謂煮茶葉蛋，要用茶包；而蛋一定要有裂縫，茶香才能完全滲透入味，芳香可口。似此喻解，在在強調逆增上緣的可貴；人生的精采正在於打擊、撞擊，訓練、磨練中得以越挫越勇，激發無限潛能。

2. 喻解

以「人生」為喻，可以浮想聯翩，產生不同的喻體，形成不同的解讀，如：

(1)　人生如月亮，初一、十五不一樣。（流行語）

(2)　人生如心電圖，如果你一帆風順，代表你就掛了。

(3)　人生如交響樂，不是一個人就能演奏完成。

均根據「喻體」的形態、性質、功能等，客觀解讀對人生的看法。第一例強調人生變化莫測，世事無常，很難一成不變。第二例強調要活就要動，沒有一顆躍動的心，人生是黑白的。第三例強調人生是多音妙旨，需多人參與，相互配合，才有眾聲喧嘩中的協調之美。

事實上，喻解中往往介入映襯的比較說明。如：

(4)　人生如手機，善用者生機，不善用者殺機。（筆者）

(5)　人生如打電話，不是你先掛，就是我先掛。（流行語）

兩例均通過正（肯定）、反（否定）的比較說明，客觀說明人生的弔詭真實。第四例藉由手機的「善用」、「不善用」，揭示海海人生，要能洞燭機先，掌握良機，因時制宜，隨時調適。第五例藉由打電話的「你先掛」、「我先掛」的雙關，幽對方一默，也幽自己一默；青春正茂，誰也說不準誰會先「報到」，辭世告別。

（二）映襯

映襯中「二元對立」的「正反」、「有無」造句，語意鮮明，精確表態；在作文時最能強烈對比，揭示主旨，鏗鏘有力。

1. 正反

正反是一句肯定、一句否定，兩句對比，沒有妥協空間。如：

(1)　寧願燒壞，不願繡壞。（馬偕博士）

(2)　不怕跌倒，只怕爬不起來。（流行語）

(3)　不怕沒缺點，只怕沒特點。（流行語）

第一例強調為人要鞠躬盡瘁，死而後已，不是蹉跎浪費，閒置糟蹋。第二例指出要積極面對人生，從哪裡跌倒，從哪裡爬起來；絕非自我放棄，躺在哪裡。第三例主張人貴於有特色，只要優點多於缺點即可，不必力求完美，零缺點。

2. 有無

有無是一句寫「有」、一句寫「無」（沒有），鮮明敘述，清晰有力。如：

(1)　做父母的只有擔心，沒有放心。（廣告語）

(2)　世上沒有命運，只有不同的選擇。（《靈異 23》）

(3)　有能力砌半道牆給別人靠一靠是做人的福氣，沒能力鋪橋造路，好歹挖個坑把自己埋妥當了，才算不欠。（簡媜）

(4)　有智慧的人，從別人身上看到自己所欠缺的美德；沒有智慧的人，從別人身上看到自己還未滿足的慾望。（顏崑陽）

第一例謂做父母是永遠的「父親」（「付清」），永遠的「媽媽」（「做牛做馬」），是一輩子的照顧、牽掛，沒有假期。第二例可以和小說中的「性格決定命運」合觀。不同的性格決定不同的選擇，不同的選擇決定不同的結局，開展不同的命運。是故，「選擇決定命運」，尤其關鍵時刻的選擇決定，就標幟著未來的命運。因重要時刻的選擇，只有一次，不能回頭。第三例主張有能力幫人，應多付出，多照顧人；沒能力就幫自己，做本分事，自己問題自己解決，不丟給別人善後。第四例指出「智慧」的判決，有智慧的人能辨認真實，勇猛精進，邁向「自勝者強」的進境；沒有智慧的人只有不滿足，不知足，身在慾望的山谷中永遠欠缺；可謂對比鮮明，饒富深意。

　　值得注意的是，在造句上，譬喻可以和映襯相互替換，增強情意的深刻表達。如：

(1)　沒有失敗，只有失手。

(2)　失敗像磨刀石，要把你磨亮，不是要把你磨碎。

第一例映襯，指出失敗只是沒有正常演出，一時失手，暫時失常而已。第二例則以「磨刀石」為喻，強調「刀在石上磨，人在事上磨」，透過失敗，才能越磨越利，另如：

(1)　合理的要求是訓練，不合理的要求是磨練。（軍中標語）

(2)　一個人經過不同程度的鍛鍊，就獲得不同的修養、不同程度的效益。好比香料，搗得愈碎，香得愈濃烈。（楊絳〈百歲感言〉）

第一例藉「正反」映襯，指出鍛鍊有兩種「訓練」和「磨練」。第二例則以「香料」喻鍛鍊，只有「搗得愈碎，磨得愈細」，才能「香得愈濃烈」，挑戰香料的極致。又如：

(1)　時代考驗青年，青年創造時代。
(2)　時代像篩子，篩得每一個人流離失所，篩得少數人出
　　　類拔萃。（王鼎鈞〈紅頭繩兒〉）

第一例藉由映襯，兼及回文，點出「時勢造英雄，英雄造時勢」的互動關係。第二例以「篩子」為喻，照見「時代的殘酷真實」，所謂「篩得每一個人流離失所」、「篩得少數人出類拔萃」正是際遇的天差地別，處處充滿殺機，也充滿生機，直指「對立的統一」的複雜悖論。

## 四、結語

　　就作文中的遣詞造句觀之，遣詞中的同異詞，結合造句中的譬喻、映襯，最能懷瑾握瑜，造出「言之有理」、「言之有味」的佳句。
　　其中，同異詞結合映襯者，比比皆是。如：

(1)　成名一陣子，成就一輩子。
(2)　要相互成全，不要相互求全。
(3)　看書容易用書難。
(4)　分享容易分擔難。
(5)　數得清的是回憶，數不清的是回味。
(6)　不能改變環境，就改變心境。
(7)　可以近視，不可以短視。

(8)　人生沒有如果，只有因果。

(9)　拔河隊沒有心結，只有團結。

(10) 寫字不要有匠氣，要有靈氣。

(11) 文學沒有大致，只有精緻；沒有衝動，只有生動。

(12) 你不能決定出生，但你可以決定人生。

相信如此一來，莘莘學子在遣詞造句上必能有所突破，提出明確的見解；相信經由多方揣摩，多加練習；一回生，兩回熟，心領神會，取精用宏，必能開創自己語言藝術的新境。

最後，值得一提的是，一篇作文的開端（鳳頭），或結尾（豹尾），在造句時最常見的手法，即「譬喻」、「映襯」或「排比」，再加上「引用」名言佳句。只要善加利用，在考場上必能文心燦發，要言不煩，無往不利。

# 貳　理論篇

## ●● 作文教學的引導藝術

### 一、前言

近年來，作文教學的風向球，明顯由「三心」（教師中心、教科書中心、課堂教學中心），吹向系統化的「三主」（教師為主導、學生為主體、設計為主線）。在在強調學生由「被動接受」（要我學），轉為「主動學習」（我要學）；藉由「探索、發現、解決」的學習，得以豐富語感，確立知識，激發智能；進而涵養情意，形塑人格。

不管課綱再怎麼改，現今作文教學，顯然教師是導演，學生是演員；展現取材與立意的互動對話；教師是鷹架，學生是鷹族，由低而高，陪伴飛翔在文字的豐美天空；教師如何善教，學生如何善學，發揮互動的加乘效果，當為優質作文教學的關鍵所在。

### 二、觀察力

針對「看圖說話」、「看圖作文」、「看圖說故事」、「看電影作文」題型，訓練學生的觀察力，激發其視覺智能，教師要成為活潑的解說員，目光獨具的嚮導；帶領學子，展開「看」的世界；由「一般」的看，到「深入」的看；由「看到」什麼（物體位置），至「看出」為什麼（辨識物體的空間關係）；由「有意義」的看（物體的相關、統一），至「有意思」的看（視角的意外、變化）；甚而由認知主體，提升為認知全體；由「言之有物」、「言之有序」的正確表達，至「言之有趣」、「言之有味」的創意書寫。

以〈上學途中〉的看圖寫短文為例，宜引導學生注意畫面。而教

師經由不同提問，可以引導「看」的眼睛：

（一）「太陽」的特徵？「小朋友」的表情？

（二）「太陽」和「山」的關係？兩個「小朋友」之間的
　　　關係？「太陽」和「小朋友」的關係？

（三）整個順序是由「山」至「太陽」再至「小朋友」？
　　　或者由「小朋友」至「山」再至「太陽」？

（四）你是其中一個「小朋友」？或者你在兩個「小朋友」
　　　前，看見他們在揮手？

（五）你能不能換成「太陽」的角度來看（將「太陽」擬
　　　人），來描寫敘述？換成「山」的角度來看（將
　　　「山」擬人），來描寫敘述？

其中須加辨析的是：（一）為重點觀察；（二）為相關觀察；同屬「空
間畫面」的描寫，宜為低年級「感官作文」的訓練重點；（三）為順
序觀察；（四）為人稱視角觀察；（五）為變化視角觀察；同屬「時
間先後」的敘述，宜為中高年級「看圖作文」、「看圖說故事」的訓
練重點；進而由作文的被動消極，一躍為創作的主動變化。

　　由此觀之，教師在培養、激發學生的觀察力，創設情境（化靜態

為動態，化平面為立體）積極引導時，層次有二：

（一）訓練「會看的眼睛」，能看到圖底（人物與背景）、
　　　人物特徵（表情、動作、服飾）與細節。
（二）訓練「會看出不一樣的眼睛」，能變化不同的敘述
　　　視角，能看出不同的新視野，體會「換個角度，世
　　　界不一樣」的變通力與獨創力。

## 三、想像力

　　針對「續寫」、「撰寫」、「改寫」、「情境作文」（亦稱「設定情
境作文」），適可訓練學生的想像力，虛擬實境，穿越未來時空。如
果說學生是一座天文臺，教師在天文臺上加上望遠鏡，讓他們望向浩
瀚神祕的星空；如果說學生是一座燈塔，教師幫他們裝上強光照明
燈，穿透沉沉龐大黑暗，在語文天際大放異彩，驚呼連連。

　　大凡想像力，是「已知」向「未知」的馳騁冒險，是「現實」對
「虛擬」的高空彈跳。因此，身處充滿任何可能的異想奇幻世界，置
身罕無人煙的迷霧森林。最常見的是「情境」的召喚，在「接近」、
「相似」、「相反」的聯想中，別有會心。其次，在「情節」的安排設
計上，藉由「曲轉」、「陡轉」、「遞升」的不同轉折[1]，形成變化。而
如何在情節的安排設計上，後續發展上，能由「能想」走向「會
想」，由「想得多」至「想得妙」，由「出人意外」至「入人意中」；
在在挑戰可觀的想像力。

　　以電影《夢》（黑澤明導演）中〈太陽雨〉的故事：「小男孩不

---

1　可參筆者《極短篇的理論與創作》（臺北：爾雅，1999），頁 121-127。

聽母親告誡，無視禁忌，到森林偷看狐狸娶親，被狐狸發現，大為憤怒。小男孩回到家，母親早已臉色鐵青，手拿狐狸送來的匕首，要小男孩前去狐狸家道歉。狐狸之家，就在天邊彩虹底下。小男孩默默握著匕首，踏上旅途」為例，可以要求學子發揮想像力，加以續寫：

（一）小男孩在途中，遇到狐狸的遠親、好友、鄰居（龜、兔、山羊、田鼠、牛），知道小男孩「純屬好奇，沒有惡意」、「姑念初犯，情有可原」，大家紛紛加入「幫忙求情」行列，浩浩蕩蕩，前往狐狸家。

（二）小男孩在途中，遇到來自四面八方，拿著匕首的小男孩，大家面面相覷，紛紛說出自己所犯的不同禁忌。於是，熱熱鬧鬧結伴而行，一起前往道歉。

（三）小男孩在途中，遇見小狐狸有難（如：掉入陷阱、被獵人追殺、腳踩到荊棘、遭藤蔓緊纏），見義勇為，伸出援手（發揮「匕首」的功能），終於將功贖罪，獲得狐狸一家的諒解。

（四）小男孩在途中，孤孤單單，尤其沒有母親在旁，備覺辛酸。一路上翻山越嶺，餐風露宿，他漸漸學會用匕首削木搭帳棚，刺魚燒烤，切瓜果解渴。日復一日，他越來越懂得野外謀生技能，而狐狸之家仍在天邊彩虹的地平線處，遙不可及。

其中續寫方式：（一）為接近聯想，（二）為相似聯想；力求時間先後，統一發展。（三）為相對聯想，小男孩由贖罪者，變成救援者

（四）為因果聯想[2]；力求前因後果，合理變化開展。

　　由上觀之，教師在促進、點燃學生的想像力，在情節安排設計上，宜有中生有（亦稱「再造的想像力」），觸類旁通，積極引導。其中宜掌握兩個層次：

> （一）要能「入人意中」，在接近、相似、因果聯想的組合中，合乎情理，自然開展，指向「人人心中所有」（理之必至）。在「有意義」的敘述中，展現「有理而妙」的高明安排。
>
> （二）要能「出人意外」，在相對、因果聯想的組接中，陡轉突變，超常開展，指向「人人筆下所無」（意之不測）。在「有意思」的敘述中，展現「無理而妙」的絕佳安排。

相對而言，大抵知性題作文，力求「有理而妙」，情意題作文，馳騁想像，則邁向「無理而妙」。

## 四、思維力

　　大抵「議論文」、「組合」、「文章賞析」、「文章評論」、「文章整理」題型，旨在訓練莘莘學子思維力，培養其抽象思維，展現深入理解。如果說學生是「思維之山」、「認知之樹」的探訪者，教師則是一路迤邐而上的登山步道；如果說學生是山中淙淙溪水、平野潺潺河流，教師則是青青溪谷、寬闊兩岸；陪伴莘莘學子穿越「認知的叢林」，奔向「思維的汪洋」。

---

2　可另參筆者《語文領域的創思教學》（臺北：萬卷樓，2015），頁 171-219。

　　大凡思維力，是由形象「感知」至抽象「概括」，由表象「直觀」至本質「客觀」，由局部「分析」至整體「綜合」。因此，在取材立意、組織結構上，思維力是定向的「心智之眼」（mind's eye），不只是「能看」、「會看」，而且能「看穿」、「看透」（see through），不只是「言之有序」，進而「言之有理」，在在展現知性「分析」見異的批判性與「綜合」會通的創造性。

　　以議論文〈風箏的啟示〉為例，可以引導學子動動腦，撞擊思考的火花：

（一）「風」、「風箏」、「線」、「人」四者的關係。沒有「風」、「線」、「人」的共襄盛舉，「風箏」也無用武之地，四者缺一不可。

（二）「小型」風箏和「大型」風箏，放的方式（包括攻角、助跑距離）有所不同。其次，一直「放線」、一直「拉線」和「一拉一放」的放，兩者飛的高度會不一樣。再次，「一路順風」的放或「一路逆風」的放，風箏的下場也會不一樣。

（三）「風箏」的舞臺是「天空」，「風箏」的命運是「迎風」，「風箏」的意義是「飛翔」；「風箏」的好友是「飛鳥」、「白雲」，「風箏」的敵人是「雨水」、「狂風」；「風箏」的快樂是「身體和靈魂在極限運動中的吶喊」，「風箏」的悲哀是「永遠碰觸不到天空」。

（四）首先，由「風箏」的飛翔，見證「條件說」（因緣合和），凡事須「天時、地利、人和」，缺一不可。其次，由「風箏」的扶搖直上，見證逆風是「阻力」

也是「助力」;「一拉」是限制,「一放」是自由;
化「阻力」為「助力」才能飛得更高更遠。
　　最後,由「風箏」的越飛越高,領略風箏是「理想」
的身影,是「人與天空的拔河」;同時,也是「夸
父逐日」的寫照,「人類畫像」的縮影。

其中思維方式有四:(一)為分析性思考,辨析部分和全體、部分和
部分的關係;(二)為比較性思考,分辨同中有異:大同小異與小同
大異;(三)為演繹性思考,由總而分(由凡而目),加以延伸、開
展;(四)為歸納性思考,由分而總(由目而凡),加以綜合、概括。
　　由上檢視,可見教師在培養、促進學生的思維力,由淺入深,循
序漸進,挖掘腦中的金礦。似此思維的按摩,宜掌握兩個進路:

(一)　認知結構的建立
　　　藉由「六W」的分析,「求異」的比較,「共相到
　　　分相」(一般到特殊)的演繹,「分相到共相」(特
　　　殊到一般)的歸納,形成「總 —— 分 —— 總」
　　　(起——承——轉——合)的思維模式。

(二)　認知結構的深化
　　　結合「六項思考帽」(白色、紅色、黑色、黃色、
　　　綠色、藍色)[3],藉由「分析」、「比較」,讓莘莘
　　　學子由主觀走向客觀,學會質疑、批判;進而藉由
　　　「正反合」的「分析」、「比較」、「演繹」、「歸納」

---

3　有興趣者可參筆者《語文領域的創思教學》(臺北:萬卷樓,2015),第
　　四章〈語文創思與思維力〉,頁137-169。

（辯證思維），讓學生在「對立的統一」、「質量互變」、「相反相成」中學會由認知的主體（紅色）出發，邁向認知全體（白色）的複雜變化。

## 五、表達力

　　針對「記敘文」、「抒情文」、「修飾」、「擴寫」等任何題型，無不在訓練學生的表達力，訓練能將「觀察力」、「想像力」、「思維力」（內隱）加以綜合生動呈現（外顯）。如果說學生是充滿能量的種子，教師則是亮麗的陽光；如果說學生是花圃幼苗，教師則是殷勤照顧的園丁，讓學子釋放豐沛潛能，綻放出賞心悅目繽紛豐美的「語言藝術之花」。

　　大凡表達力，是化抽象思維為具體形象，化靜態關係為動感畫面，化內心世界為栩栩如生、充滿活力的文字世界。因此，在遣詞造句、描寫敘述上，表達力是「文字的魔法師」、「語言藝術的冶金者」，讓「看不見」的能「看得見」，讓「看得見」的變得「更好看」、「更耐看」，淋漓盡致揮灑表達的創造力。

　　以電影《春風化雨》（*Dead Poets Society*）為例，基汀老師（羅賓·威廉斯所飾）引導不擅長表達的學生，完成令人驚喜的評作：

（一）師：「瘋人」上加形容詞。

　　　　生：「汗臭」「凸牙」的「瘋人」。

（二）師：給他加上動作（手按住學生眼睛）。

　　　　生：「我閉上雙目，他的形象在我面前飄過」、「他窒息我」、「一直咕嚕真理」。

（三）師：繼續說（此時班上響起笑聲）。

生：「真理是使你受冷的毯子」、「大力拉展，永遠
　不夠」、「毛毯從不遮向我們任何人。」
（四）　（基汀坐回椅上聆聽，全班安靜下來）。
生：「當我們嚎啕大哭，進入垂死時，它只能遮住
　臉」。

其中表達方式：（一）為短語（詞組），（二）為造句（敘事句），（三）
為比喻（「真理是使你受冷的毯子」）、喻解（「大力拉展，永遠不
夠」），（四）為說明、延長、引申（「當我們嚎啕大哭，進入垂死時，
它只能遮住臉」。可以明顯看出（一）、（二）屬於文法，（三）、（四）
屬於修辭。而譬喻是天才的標配，正是修辭中最基本、最核心、最重
要的表情達意的技巧。教師宜結合創思教學策略（如曼陀羅思考法、
心智繪圖法、強迫組合法、相互比較法等），訓練學子活用、善用；
用得好，用得妙。

　　透過以上觀摩，可見教師在確立、激發學生的表達力上，拓植其
優質的書寫，宜掌握兩個進徑：

（一）講清楚，說明白
　　　直接描寫敘述，力求「正確」、「合邏輯」，避免不
　　　對、不通的遣詞造句。
（二）講得好，說得妙
　　　描寫敘述時，介入修辭技巧，力求「靈活」（「變
　　　通力」）、「豐富」（「流暢力」）、「精緻」（「精進
　　　力」）、「新穎」（「獨創力」）。

## 六、結語

綜上所述，可見作文教學的「引導」，與「指導」不同，不應流於制式固定、散點孤立、抽象空洞；而應化消極為積極，講究「針對性」、「啟發性」、「情境性」，開拓引導（「導而弗牽」）的明智與趣味。

分叙如下：

（一）針對性

教師有效引導，宜針對題型（看圖作文、情境作文、修飾、組合、仿寫、擴寫等）、學習心理（國小、國中、高中）、寫作能力（觀察力、想像力、思維力、表達力），加以鮮活引導；面對重點所在，設計多樣不同的引導語。

（二）啟發性

教師深度引導，宜針對各類題型的編序（一學期、一學年）、學習心理的差異（國小、國中、高中間的銜接、轉換）、寫作能力的等第（高中低，上中下），加以遞進引導；針對關鍵、突破點，設計多層次、不同等第的引導語。

（三）情境性

情境性，即生活化。教師多元引導，宜針對題型、學習心理、寫作能力「問題」所在，運用媒體，結合生活情境，提出問題，加以趣味引導；同時針對相似生活情境，設計生動的「故事式」、「懸念式」、「選擇式」（兩難）的引導語。

| 分項 | 寫作能力指標 |
|---|---|
| 觀察力 | 重點觀察 |
| | 相關觀察 |
| | 順序觀察 |
| | 變化觀察 |
| 想像力 | 接近聯想 |
| | 相似聯想 |
| | 相對聯想 |
| | 因果聯想 |
| 思維力 | 分析性思考 |
| | 比較性思考 |
| | 演繹性思考 |
| | 歸納性思考 |
| 表達力 | 正確 |
| | 靈活 |
| | 豐富 |
| | 細緻 |
| | 新穎 |

## ● ● 抽象思維與作文

作文以「立意」為主，是「思維」的轉化顯影，心智的最佳折射，充滿活力的語文建構。如果說「人者心之器」，那麼，作文當為「文者思之用」；由「心象」至「語言」，再至「文字」。作文的根本，正本清源，即在於思維的發揮，在於認知的依序開展。

抽象思維，亦稱邏輯思考、理則思考；以左腦為主，注重「概念、命題、推論、判斷」的客觀認知，力求正確、合理的論說力度。

歷來抽象思維，拒絕語意不清、實質的謬誤，遠離自以為是的主觀曲解，展開「應然」、「必然」的嚴謹論述。其中最常見的方法有四：「分析」（analysis）、「比較」（comparison）、「演繹」（deduction）、「歸納」（induction），分述如下：

## 一、分析

分析是根據形態、性質等，分而析之；由整體至局部，由情節至細節，條分縷析，揭示問題重點所在。主要方式有三：（一）分類；（二）分關係；（三）分層次。敘述如下：

### （一）分類

物以類聚，類以群分。自分類中可以理解「部分和部分的關係」，進而看出「部分和全體的關係」，深知其中差異所在；如此一來，有條不紊，循序漸進，將能鞭辟入裡，直探究竟。如沈謙的人生「三物」。

　　少年是動物，生命是未知數，充滿著美麗的憧憬，無限嚮
　　往，自由馳騁！
　　中年是植物，生命可望可即，有得有失，哀樂參半，不願
　　疲於奔命，惟有畫地自限！
　　老年是礦物，生命已捏在手中，定了型，或成了精，不得
　　不認命！（沈謙《得饒己處且饒己》）

可見人生三個階段，各有特性。少年要闖，充滿無限可能；中年要
養，披枝散葉；老年要放，交棒放下。
　　另如聖嚴法師，對處事態度，有「四它」分類：

　　遇到事情的時候，特別是嚴重問題的時候，通常用四個態
　　度或者四個層次來處理。
　　第一個就是面對它、第二個接受它、第三個處理它、第四
　　個放下它。
　　任何事情問題發生的時候，特別是嚴重的問題、困擾的問
　　題，逃避是沒有用的，所以面對它是最好的。
　　面對它的時候，要去接受它。若不接受它，這個問題還是
　　在那裡。接受它以後，能夠處理的當然是非常好。但如果
　　是不能處理的，面對它的時候，接受它的時候，也就是等
　　於「處理」。
　　這時可能會覺得非常懊惱，心裡忿忿不平，若心裡老是掛
　　念著這件事，是很痛苦的。這時候若走不下去了，但另外
　　一條路出現了，那就應該放下。
　　所以，任何事情發生以後，處理後就把它給放下，那是最
　　好的方法。（〈處事四態度〉）

處事態度可分四類：面對它、接受它、處理它、放下它，首尾一條龍，堪稱處事 SOP，可供依循。尤其面對「不能處理的」，稍安勿躁，等待因緣，等到「有解」時才有效處理。同時處事態度，宜「對事不對人」，事情告一段落，便應過而不留，不再牽絆。而聖嚴法師此段良言，既「分類」，又「分層次」，語淺意深，一般信眾莫不口誦心維，琅琅上口。

## （二）分關係

分關係的向度有二：一、自兩個不同類的事物間，看出彼此的「相似性」；二、自同一事物本身，看出「歷時性」，能說明時間先後關係。如面對人生，沈從文自「一本書」的類比相似上加以解析：

> 人生實在是一本書，內容複雜，分量沉重，值得翻到個人所能翻到的最後一頁，而且必須慢慢的翻。（沈從文《邊城》）

就「相似性」的譬喻而言，人生並非翻翻就完的小書，而是難懂的奧義書，沒有翻到最後一頁，蓋棺論定，難以一窺究竟。同時每一頁都暗含玄機，切莫囫圇吞棗，要從容不迫，商量涵泳，細細品味，才見全幅滋味。

另如日本導演宮崎駿，則自「開往墳墓的列車」，加以分析：

> 人生就是一列開往墳墓的列車，路途上會有很多站，很難有人可以自始至終陪著走完。當陪你的人要下車時，即使不捨，也該心存感激，然後揮手道別。（宮崎駿《神隱少女》）

以「列車」喻人生，雖屬常見；但能自其中「關係」上加以親切解說。在人生列車上，每個人「陪你一段」，遲早都要下車，無一倖免。因此，道別時務必「好好告別」，珍惜今生難得的緣分，感謝「這一路有你」，留下揮手道別時最親切的手勢，最貼心的叮嚀。

（三）分層次

分層次是由表而裡，由下而上，由淺至深，由近而遠，綱舉目張，層層遞進上揚。

以讀書為例，培根認為可分成三等第：第一，只看幾頁，一葉知秋；第二，前後掃瞄，大概翻翻；第三，含英咀華，細加品讀。前兩者是一時之書，第三種是經典之作。[1]至於張潮則自人生三階段分以判別：

少年讀書，如隙中窺月；
中年讀書，如庭中望月；
老年讀書，如台上玩月；
皆以閱歷之淺深，為所得之淺深耳。（張潮《幽夢影》）

閱歷不同，境界不同，少年時以管窺天，往往一偏之見；中年時眼界愈寬，漸能一窺全貌，高山仰止；老年時不再在學海無涯中拚命追逐，而是純粹欣賞，乘興盡興，求趣求味。

至於傅佩榮〈三個蘋果〉，由古至今，先寫聖經時「夏娃的蘋

---

1　原文為：「有些書只需淺嚐即止，有些書可囫圇吞棗，有些書則需細嚼慢嚥，加以消化吸收；也就是說，有些書只需閱讀部分章節，有些書需要閱讀，但不必聚精會神，少數書籍則需勤勉專注完整閱讀。」見張春榮、顏荷郁《世界名人智慧語》（臺北：爾雅，2008），頁96。

果」，次寫中世紀「牛頓的蘋果」，最後寫現今「賈伯斯的蘋果」，正
是統一「蘋果」，變化思維的三種層次，娓娓道來，可謂層次分明，
層層深入。結尾指出真正的高明不是科技掛帥的傲慢，而是與傳統文
化的對話，對精神價值的尊重。賈伯斯一席話，揭示知今知古的視
野，與科技人應有的謙卑；只有跨界，才有新境界；只有對話、對上
話，科技與人文才能相得益彰。

## 二、比較

比較是比而較之，兩相對照，見其異同。須知有分歧，才有妙
理；有差異，才有意義。沒有明察秋毫，就不能「平理如衡，照辭若
鏡」，沒有精微辨析，就不能「洞若觀火，高下立判」。

大抵比較，以「見其異」為主，不管大同小異、小同大異，同中
有異，異中有同，要能別具隻眼，指出關鍵所在。如黃永武〈忙與
盲〉：

> 從前就有人問智舷上人：「人生世間，總是忙多閒少，怎
> 麼辦？」上人回答得好：「忙閒並沒有定位，善處其間，
> 忙時也就是閒境；不善處其間，閒時也會是忙境。」所謂
> 善處的人，身忙而心不忙；不善處的人，身閒而心不閒。
> 應付忙與閒，要善於調適心境。（黃永武《生活美學・天
> 趣・忙與閒》）

忙與閒是兩種不同生活態度，其中的分際在於心。只有身動心不動，
才是「善處」，才是閒；反觀身不動心動，則為「不善處」，則是忙。
事實上，心跡比形跡還重要，「身忙心不忙」才是高明，「身不忙心
忙」則落於無明，落於瞎忙。

其次，見解犀利者，能自「差一個字」精采立論。如劉墉〈隨時、隨性、隨遇、隨緣、隨喜〉一文中，師父開示修行在於素面相見，坦然相對，隨時不停頓、隨性不扭曲、隨遇而安、隨緣不變、隨喜自在。文末最後拈出「定論」：

> 隨不是跟隨，是順其自然，不怨懟、不躁進、不過度、不強求。
> 隨不是隨便，是把握機緣，不悲觀、不刻板、不慌亂、不忘形。

揭示「隨」的精義，並非盲目蕭規曹隨，亦非任性沒有原則，而是正能量的「順其自然」、「把握機緣」。當然除了把握機緣外，更要創造機緣，開闊更寬廣的人生。

另如劉墉〈放下、放空、放平、放心、放手〉一文，剖析五種「放」的層次，比較其中差異，要言不煩。原來「放下不是放棄」、「放空不是真空」、「放平不是放倒」、「放心不是不用心」。文末卒章顯志：

> 師父笑著揮揮手：「你們能放下、放空、放平、放心，我還有甚麼不能放手的呢？」

分明指出「漸修」的進境，只有經過「放下」、「放空」、「放平」、「放心」四個層次的覺察體驗，才能臻及真正的「放手」，由外而內，無罣無礙，無牽無掛，自在解脫。

## 三、演繹

演繹是「大前提」、「小前提」、「結論」的三段推論，由一般至特殊、普遍至個體；在點的撞擊中，分進合擊，形成線的延伸，面的擴大。

運用在作文時，演繹在「總分總」的三分結構中，亦即「總分」的脈絡鋪陳，猶如章法中的「起承」，層次分明，清晰銜接。

大抵演繹在首段開門見山，直申主旨，底下銜接的方式有二：（一）共時性；（二）歷時性，今敘述如下：

### （一）共時性

共時性是空間並列，排比共構。如黃永武〈遊山如讀書〉：

> 遊山與讀書，好像有室外活動、室內活動的差別，然而遊山是室外的讀書，而讀書是室內的遊山。遊山一里就是讀書一頁，遊山千萬里便是讀書千萬卷，古今名勝，風物掌故，了然於心，行了萬里路，而不能等於讀萬卷書的，那準是販夫走卒，俗人一個！
>
> 遊山的第一個要件是及時勇往，以不負天下佳山水的誓願，來不負此生，才能猛下決心來行樂，才能不被俗事糾纏繫溺而因循蹉跎。這一點和讀書是一樣的，讀書必須及時勇往，沒有大丈夫決裂的心志，以不負天下奇書的誓願來不負此生，書是讀不好的。
>
> 遊山第二個要件是領略景外的天趣。單記下不少山水地名，拍了許多名花古木的照片，像導遊一樣熟背地點的程

序，遊山只成了度假的誇耀是不夠的。這一點也極像讀書，拿讀書來誇耀很無聊，讀書要在行句內涉獵，在行句外領會，遊山也必須在山水的清輝外，心花頓開，會心得趣。善於得趣的讀書人，不一定要讀什麼珍本善本，爛熟的古詩古文，一樣新意盎然，層出不窮；善於得趣的遊山者，也不一定要遊什麼名山大川，日常的茶筍林屋，一樣領會出風日清美。同樣一座山，能會心得趣多少，和同樣一本書，能會心得趣多少，全看讀者遊者自身素養深淺而定的。

遊山的第三個要件是「俗腸」要少，「清趣」才多。只想遊到那個村鎮吃美味，遊到那個角落看裸女，這種「世味」濃厚的人，「靈根」一定淺薄，遊山對俗子來說，無異於風塵中奔走，到哪裡都是醉生夢死，談什麼清趣？遊山最好要遠離是非、簡省交際，心閒無為，才能得趣。讀書也一樣，如果只想到考試做官，只想到黃金屋美如玉，只想爭雄決勝，俗腸一多，清趣就沒了。

首段為「總分」中的總括概述，直接破題，點出遊山和讀書的關係密切，有室外、室內的差別，前者是足下探訪，後者是心靈之旅。二、三、四段分敘遊山的三個要件「及時勇往」、「領略景外的天趣」、「『俗腸』要少，『清趣』才多」，正是讀書「開卷有益」、「掩卷有味」的具體實現。

## （二）歷時性

歷時性是時間先後，因果變化。如美國霍桑〈大衛的機遇〉，首段交代大衛太過疲倦，在泉水邊草地上酣然入睡。首先，來了一對富

有夫妻。作者道：

> 大衛不知道，幸運之神正近在咫尺呢！年長紳士家裡很富
> 有。他唯一的兒子最近不幸死了。在這樣的情況下，人們
> 往往會做出奇怪的事來。比如說，認一個陌生小伙子為兒
> 子，讓他繼承自己的家產。可是，大衛卻始終沒醒來，睡
> 得正甜。

孰料有緣無分，失之交臂。接著來了一位美麗姑娘，對大衛心生好
感：

> 看著大衛，姑娘心頭一顫，脫口而出：「他長得多俊啊！」
> 可是大衛卻絲毫未動，她只有快快地走了。要是大衛能醒
> 來，也許能和她認識，甚至結親。要知道，她父親可是個
> 大百商哩。

結果大衛渾然不知，不知在睡夢中溜掉了天下的福分。最後，來了兩
個強盜，掏出匕首，誰知一隻狗跑過來，兩強盜忌諱狗主人在附近，
溜之大吉。結尾：

> 一輛馬車的隆隆聲，驚醒了大衛。他跳了上去，很快消失
> 在煙塵中。
> 大衛永遠也不會知道在他睡眠時，發生的一切幸福和險
> 象。可是，仔細想想，世上誰人不如此呢？

這樣的結局，無疑引人深思，千金難買早知道，千千萬萬想不到，在

大衛一枕甜甜中出現兩塊「天上掉下來的餡餅」，可惜就這麼擦肩而過，也出現「天上掉下來的陷阱」，險象環生。這樣的演繹，禍福相倚，吉凶相藏，直指人生中的弔詭複雜，難以逆睹。

## 四、歸納

　　歸納是由特殊至一般，由個體至普遍的思維方式；自已知的個別事物中，揭示共通性質，概括歸結出客觀論斷。

　　運用在作文時，歸納在「總分總」的三分結構中，亦即「分總」的有力收束，猶如章法中的「轉合」；自由景而情、由事而理、由具體而抽象中，擴大深化，展現獨到高度與見識。

　　面對「總分總」的結構，務必釐清兩個「總」的差異。第一個「總」是鳳頭，開端美麗；第二個「總」是豹尾，收束有力。如果說第一個「總」是知識，第二個「總」則是見識，務必層樓更上，別具慧眼，饒富深意。因此，若兩個「總」的字句相同重複，只流於形式上的照應，並沒有實質上的擴大深化，純屬封閉性結構，看不出作者的深刻寓意。

　　就歸納的擴大深化而言，如張曉風〈我喜歡〉，首尾對照如下：

1.　我喜歡活著，生命是如此地充滿了愉悅。（首）
2.　我喜歡，我喜歡，這一切我都深深地喜歡！我喜歡能
　　在我心裡充滿著這樣多的喜歡！（尾）

首段感性敘述，「活著真好，我喜歡」；尾段知性敘述，尤其最後一

句「我喜歡能在我心裡充滿著這樣多的喜歡」，則為後設思考[2]，對「喜歡」有進一步的體會。；樂莫大於心歡，能擁有這麼多滿滿的喜歡，才是生之愉悅的活水泉源。

　　其次，以蔣勳〈捨得，捨不得——帶著金剛經去旅行〉，首尾對照如下：

> 1. 我有兩方印，印石很普通，是黃褐色壽山石。兩方都是長方形，一樣大小，〇・八公分寬，二・四公分長。一方上刻「捨得」，一方刻「捨不得」。「捨得」兩字凸起，楊朱文。「捨不得」三個字凹下，陰文。（首）

> 2. 我們如此眷戀，放不了手，青春歲月，歡愛溫暖，許許多多「捨不得」，原來，都必須「捨得」，「捨不得」，終究只是妄想而已。
>
>    無論甘心，或不甘心，無論多麼「捨不得」，我們最終都要學會「捨得」。（尾）

首段點題，點出自己有「捨不得」、「捨得」的兩方印。中間交代這兩方印的因緣，與刻印學生阿內的如煙往事，末段則自歲月流轉中，由感性走向知性，《金剛經》謂：「凡所有相，皆是虛妄」，希望往往到頭來是虛妄，「捨不得」到頭來都要放手，卸下「捨」。作者擴大視野，掌握「正反合」思維，照見生命的弔詭悖論，$A = -A$，令人瞿然驚視，冷然接受。

---

2　後設思考，往往以類字加以凝視。如：「我已讀你的已讀」、「捨不得別人的捨不得」、「我喜歡你喜歡我」。

　　另如顏崑陽〈陽光下的自囚者〉首尾對照如下：

1. 　「那一定是假的！」我說這話時，並沒有經過思索，
　　只是下意識直覺的反應。
　　二伯父說了一個故事：他走在舊金山的街上，一個穿
　　著平常，但並不襤褸的老人攔住他，很禮貌地說：
　　「先生，今天是我的生日，你能請我一頓午餐嗎？」
　　老人說這話時，一點都不靦腆，態度自然得就像對多
　　年的老友或鄰居提出一個人情之常的請求。好啊！二
　　伯父就請他到餐廳吃了一客牛排，並且為他買了一盒
　　生日蛋糕，彷彿在祝賀一個多年老友或鄰居的生日。
　　他根本沒有想到去盤問：「先生，今天真是你的生日
　　嗎？」（首段）

2. 　「你從那個老人是不是這天生日去洞察他的假，我從
　　那個老人吃飯時的快樂去相信他的真。我們都沒錯。
　　但我很害怕『欺妄』與『猜忌』惡性循環之下，我們
　　都將變成陽光下的自囚者！」
　　此時，我的瞳孔中彷彿展現一幀圖像：一個面孔冷
　　硬，眼光驚疑的人，正蹲坐在四面牆壁的牢房中，注
　　視著從天窗洩進的光亮。最後，他以相當自負的智
　　慧，拆穿了一幕老天爺的騙局——
　　「這陽光一定是假的！」（末段）

　　首段對二伯父說的故事，直覺反射「那一定是假的」，世上騙子太
多，騙吃騙喝者，比比皆是。中間以自己的經驗為例，看多了，「關
心」變成「把心關住」，漸趨冷漠。末段二伯父拉高視野，揭示「世

上只有完美的動機，沒有完美的結局。」只要我們有助人的心，快樂的心，就相信對方，不必硬要拆穿他是騙吃一頓。不要只從結局的「假」，去吞噬我們「助人快樂」的真心。最後四行，照見吾輩的毛病，往往「對一個人失望，就對人性絕望」；失望的陰影逐漸變成烏雲，蓋住我們的視線，從此「自以為是」、「把心關住」，只有暗黑思想，不再有正能量，不再相信陽光，成為「欺妄」下的受害者，成為「猜忌」的信徒，成為陽光下的自囚者。

可見歸納的重點有二：第一，改變角度，進而擴大深化；第二，跨越知識，拈出見識，由認知主體，拉高至認知全體。

## 結語

抽象思維旨在客觀辨析，有根有據。其中四種思維方法，各擅勝場。「分析」力求正確，「比較」講究鮮明，「演繹」注重申論，「歸納」貴於統整。需知，四種思維，是一個團隊，自應互為援引，相輔相成，連袂合擊；正所謂「多一條思路，多一條出路」，於是在縝密推論中，得以步步為營，步步為贏。

其次，就四種思維方法而言，分析、比較往往成為一組，自分類、分關係、分層次中，邁向「Know what、Know how、Know why」的認知歷程；而演繹、歸納，則互為兄弟，在「總、分、總」的三分結構中，先演繹，後歸納，理路分明，層層深入。

最後，就實際作文而言，「歸納」最為重要。歸納要拈出深旨，一新耳目。因此，審題時，即將「結論」統整，斬釘截鐵。尤其要能拉高視野，換不同思考帽；進而用整體角度看事物，展現高明見識；

當為作文時，最大的挑戰，不容輕忽。[3] 就意義段而言，亦即「鳳頭」、「豬肚」、「豹尾」；首段為「起」，中段為「承」，末段為「轉合」；可說涇渭分明，攻守有據。而其中最難的當推「轉合」的末段。末段要能擴大深化，拉高視野，提出見識，一錘定音。這樣的結尾，綱舉目張，鏗鏘有力，正是作文時最大的挑戰，莘莘學子宜在此多加琢磨，自主訓練，力求精進，深刻把握。

---

3　筆者當年死守作文一定要分四段（起承轉合），考場時間緊迫，結果至第三段「轉」時，考場鈴聲響起。第四段「結論」根本未寫，無法卒篇。此即初次考研究所時的切膚之痛。

## ●●● 形象思維與作文

### 一、前言

　　如果說思維是種子，知性的「邏輯思維」是向上延伸的枝幹，那麼情意的「形象思維」則是綻放枝椏的綠葉紅花，共織心靈庭園的亮麗風景。前者掌握左腦的「抽象」、「分析」，後者發揮右腦的「具體」、「整體」，兩者相互轉化，共時發用，展現思維的批判與創造。

　　質實而言，語文的「形象思維」，是理念的感性顯現，是對形象信息的增值、加工；是國寫情意類的主軸，藉由莘莘學子心靈發用，創造出的一幅藝術動畫。掌握「形象思維」，要點有二：

　　　　第一、用「形象」來「表現」。
即用文字塑造栩栩如生的「具體情境」（偏散文）、「問題情境」（偏小說），用文字刻畫維肖維妙的「藝術畫面」；展開「接近」、「相似」、「相對」的聯想，開發語文豐贍的新感性。

　　　　第二，用「形象」來「思維」
首先，藉由「具體情境」（偏散文），映射思維內蘊；形塑「藝術畫面」，折射思維的飽滿內蘊；兜出「由景而情」、「由事而理」的象徵世界。其次，藉由「問題情境」（偏小說），通過「人物」、「情節」、「場景」的安排、細節的點染，展開「因果」聯想，透視前因後果的撞擊效應，揭示「陡轉」、「曲轉」、「遞升」的互動變化與「意料之外」、「情理之中」的結局。

　　大凡「形象思維」運用在作文上，始於「用形象來表現」，即藉由文字的生動描寫、虛擬實境，激發「形象」（畫面、情境）、「具體」的感染力；終於「用形象來思維」，即藉由「形象」（畫面、情境）

的選擇、組合，「問題」的觸動、延展、解決，彰顯「思維」的穿透力，共同探索背後的意義世界。

## 二、「形象」的感染力

「形象」的感染力，首先，以文字為繪筆，繪出具體、豐美的感官世界；其次，穿越時空，以文字為魔法，重建鮮活、真切現場。凡此，即「生動描寫」、「虛擬示現」的藝術加工。

（一）生動描寫

大凡面對「記敘文」的作文題目（如：〈偶像〉、〈我最懷念的人〉、〈回家途中〉、〈難忘的經驗〉、〈橋〉、〈窗〉、〈最美的角落〉、〈樹〉、〈鞋子的故事〉等），除了縱向的「敘述」（時間先後）外，更應輔以橫向的「描寫」（空間並列），充分運用感官經驗的「摹寫」，由「外部知覺」（視覺、聽覺、嗅覺、味覺、觸覺）至「內部知覺」（心覺），詳加描寫。讓「人」、「事」、「時」、「地」、「物」在文字的彩筆中鮮明呈現，呼之欲出。以描寫「雨景」為例：

> 1. 不久，初夏的雨季來臨。也許不算雨季，只是下雨的時候多，雨下得大，是劈頭大雨；好像天湖漏底，雨水從陰暗的雲層崩瀉下來。屋上的瓦楞變成了噴水口，把屋簷水噴出一兩丈外──不像平常直落在陰溝裡。這麼大的雨，直下得人們啞口無言。屋簷水的沖刷聲，雨水的擊打聲，像千掛鞭炮一齊鳴放，把說話的聲音都壓住了；除非大吼大叫，別人也聽不清楚；索性不說話，只是傻傻地聽著大雨，看著無數的雨柱

砸碎在地面上。地面上很快就浮著一層水，不一會積水就淹到門口的坡前來了。（顏元叔《五十回首‧雷雨下的池塘》）

2. 雨天的屋瓦，浮漾濕濕的流光，灰而溫柔，迎光則微明，背光則幽黯，對於視覺，是一種低沉的安慰。至於雨敲在鱗鱗千瓣的瓦上，由遠而近，輕輕重重輕輕，夾著一股股的細流沿瓦漕與屋簷潺潺瀉下，各種敲擊音與滑音密織成網，誰的千指百指在按摩耳輪。「下雨了，」溫柔的灰美人來了，她冰冰的纖手在屋頂拂弄著無數的黑鍵啊灰鍵，把晌午一下子奏成了黃昏。（余光中《聽聽那冷雨‧聽聽那冷雨》）

充分運用「視覺」、「聽覺」的白描（摹寫）外，並輔以「心覺」的修辭技巧，強化雨的世界。第一例中，運用誇飾的譬喻（「雨水的擊打聲，像千掛鞭炮一齊鳴放，把說話的聲音都壓住了」），第二例運用移覺的譬喻（用視覺的「密織成網」喻聽覺的「各種敲擊音與滑音」），刻畫雨的不同面貌。至於第二例，在譬喻之餘，更加上轉化（擬人、擬物）的描繪。於是「雨」搖身一變成「溫柔的灰美人」，「屋瓦」變成鋼琴的「黑鍵」、「灰鍵」，展開午後演奏的「音樂饗宴」，讓「會聽的耳朵」細細聆聽。

## （二）虛擬示現

如果說「生動描寫」是畫家的精采，那麼「虛擬示現」是導演的本事。面對過去（回憶、追述）、幻設（奇異、懸想）、未來（推測、預言）世界，均能以文字為鏡頭（「假做真時」、「無為有處」），展現靈視，再造維肖維妙的「具體情境」，使人身歷其中，彷彿現場目

擊；進而在「問題情境」，陡轉意外，與「無常」照面，與反諷貼
身。以渡也〈永遠的蝴蝶〉(《永遠的蝴蝶》)為例：

> 那時候剛好下著雨，柏油路面濕冷冷的，還閃爍著青、
> 黃、紅顏色的燈火，我們就在騎樓下躲雨，看綠色的郵筒
> 孤獨地站在街的對面。我白色風衣的大口袋裡有一封要寄
> 給在南部的母親的信。
> 櫻子說她可以撐傘過去幫我寄信。我默默點頭，把信交給
> 她。「誰教我們只帶來一把小傘哪。」她微笑著說，一面
> 撐起傘，準備過馬路去幫我寄信。從她傘骨滲下來的小雨
> 點濺在我眼鏡玻璃上。
> 隨著一陣拔尖的煞車聲，櫻子的一生輕輕地飛了起來，緩
> 緩地，飄落在濕冷的街面，好像一只夜晚的蝴蝶。

以「那時候」開始，展開回憶、追述的虛擬示現，重現車禍前後場
景。此處優點有三：第一，以具象呈現（show）代替抽象敘述
（tell），形塑相關統一的情境。第二，善用視覺意象（「柏油路面」、
「燈火」、「郵筒」、「風衣」、「信」、「傘」），發揮色彩的渲染氛圍
（「青、黃、紅」、「綠色」、「白色」），兜出一個濕冷冰寒的世界。
第三，運用特寫畫面，掌握細節（「從她傘骨滲下來的小雨點濺在我
眼鏡玻璃上」，進而加上柔焦的慢鏡頭（「櫻子的一生輕輕地飛了起
來，緩緩地，飄落在濕冷的街面，好像一只夜晚的蝴蝶」），呈現唯
美夢幻的畫面，讓驚天動地的震撼成為寂天寞地的「象徵」（「蝴蝶」）
世界，兜出「無聲勝有聲」的沉沉撞擊。

## 三、「思維」的穿透力

如果說文字的畫家、魔法師，造就「形象」的感染力，那麼生活的智者、生命達人，展現「思維」的穿透力，揭示、開拓「形象」的整體意義。當此之際，語言文字，不只是栩栩如生的畫面，更折射「啟發」的深層理蘊。

「思維」的穿透力，凝視「形象」的整體性，探究「人、事、時、地、物」的律動規律與本質。藉由因果關係的洞察，藉由類比推理的省思；在「起、承、轉、合」中，照見整體「象徵」，呈現「擴大」、「深化」的高度理解。

### （一）擴大

所謂「擴大」，即正視事件的對立、矛盾，打破單一、僵化的認知，掌握因果關係的變化，透視「正、反、合」中的辯證開展，創造性地解決困境，彰顯思維的寬度與高度。以馬森〈鄰家的櫻桃樹〉（《在樹林裡放風箏》）為例：

> 我家後園裡有一棵櫻桃樹，鄰居的後園裡也有一棵櫻桃樹。兩棵樹相距不到十尺，都一般的粗大壯實。所不同的是鄰居的櫻桃樹早半個月開花、早半個月結果，因此之故，等鄰居樹上的櫻桃轉紅的時候，立刻招引來大批的鳥雀，把櫻桃幾乎食盡了。等到我家櫻桃成熟的時候，附近的鳥雀們都剛剛飽醉了鄰家樹上的櫻桃，只站在我們的櫻桃樹上唱歌。我們因此有福可以豐收櫻桃。
>
> 這種情境已經是年年如此，終於引起了鄰居的不快。但是

　　鄰居心中雖然非常嫉妒，但也並不是不明道理的人。這種
　情境來自自然，非人故意造成的。他既不能命令自家的櫻
　桃樹晚開花，也無法驅盡喜食櫻桃的鳥雀，唯一的法子就
　是狠下心來砍除自家的櫻桃樹了。

由於罪魁禍首「鳥雀」（因），造成兩家櫻桃樹不同的收成（果）；由
於我家櫻桃樹的豐收（因），造成鄰居的不痛快（果）；由於鄰居束
手無策（因），造成自砍櫻桃樹的決定（果）。如此，因果循環，必
將造成日後鳥雀吃光我家櫻桃樹（果），可說兩敗俱傷。面對即將來
臨的「雙輸」困境，馬森跳開「自我」（你砍自家櫻桃樹，干我底事）
觀點，跳出「局部」（小鼻子、小眼睛）視角，看清兩棵櫻桃樹的「依
存」關係，提出「創造性」（利己利人）的開闊思維：

　　我覺得一棵樹只因不能供應主人果實，就遭到砍折的命
　運，未免太可惜了。每年賞目的櫻桃花其實遠勝於可口的
　櫻桃。我於是向鄰居建議說：如果他不砍除他的櫻桃樹，
　至少可以保有我家樹上的櫻桃豐收，今後我家樹上的櫻桃
　可以由兩家分享。如果他砍除了他家的櫻桃樹，兩家的櫻
　桃都沒有了。
　　鄰居笑笑說：「這倒是一個好辦法！」他畢竟是個明理的
　好鄰居。

如此一來，化一家「擁有」為兩家「享有」；不但「享有」櫻桃，更
能「享有」櫻桃花盛開的繽紛美景，堪稱無價之寶的視覺饗宴，實為
上上之策。似此「思維」的擴大，正是「把手握緊，裡面什麼也沒

有；把手鬆開，你會擁有一切」（電影《臥虎藏龍》）[1]；分享快樂，快樂增加一倍，閃爍智慧之光的形象思維，自大處著眼，自高度朗照，展現思維的穿透力。

## （二）深化

所謂「深化」，即能進一步看出「形象」的「意內象外」（亦稱「意象」）。藉由相關、類比的思考，掌握「具體情境」、「藝術畫面」的暗示；藉由「人、事、時、地、物」的律動延展，探索背後的「情」、「理」寄託，覷出「形象」的「一象多義」，直指豐富內蘊的象徵世界。以侯文詠〈櫻桃的滋味〉（《侯文詠極短篇》）為例，寫自殺者站在櫻桃樹上。學校放學，小學生路過，問他在「看」什麼，他隨便答「看風景」。小學生接著說「你身旁有許多櫻桃喔。拜託啦，幫幫忙，你用力搖一搖，櫻桃就會掉下來」。拗不過這些小朋友，他又搖又跳，櫻桃紛紛掉落，小朋友開心搶食，現場一片歡樂：

> 等櫻桃掉得差不多，一陣嬉鬧之後，小朋友才漸漸散去。失意的人坐在樹上，看著小朋友們歡樂的背影，不知道為什麼，自殺的心情和氣氛全都沒有了。他有點無奈地採了些還在樹上的櫻桃，慢慢爬下了櫻桃樹，拿著櫻桃走回家裡。
>
> 想自殺的人回到家。一樣的老婆和小孩、一樣的破舊，一樣的問題與煩惱，唯一不同的是孩子們看到爸爸帶著櫻桃回來，全開心得又叫又跳。

---

1　此句為電影中李慕白對秀蓮，談及師父的教誨。李慕白由周潤發飾演，秀蓮由楊紫瓊飾演。

由自己的幫忙搖落櫻桃（因），帶給小朋友搶吃的快樂（果）；由小朋友單純、天真的快樂（因），帶給自己心情的改變（果）；自己順便採些櫻桃回家（因），帶給小孩開心雀躍（果）；全家歡樂享用（因），帶給自己不一樣的心境（果），揮別消極的自殺情緒，迎向明天。原來「快樂」是創造性的感染，「悲哀」是封閉性的孤絕；面對這樣的故事，侯文詠解讀如下：

> 故事就是這樣了。後來我常常把這個故事告訴別人。咒語似地，這故事有一種很神奇的魔力，它讓許多人發現原來自己心中也有一棵櫻桃樹，它一直在那裡，只是你沒有發現而已。不但如此，每個人都有能力採下一些櫻桃，和別人分享。櫻桃雖然只長在心中，可是滋味卻很真實。
> 最神奇的是，你愈是那樣和別人分享，樹上的櫻桃就愈長愈多，並且滋味更加豐富。

指出「櫻桃樹」的「象徵」意義，不但代表「生命的活力」，更指涉「觀念的鬆綁」（「換個角度，世界不一樣」）。而「櫻桃」的採擷、分食，正是「心量的擴大」（「與你分享的快樂，勝過獨自擁有」）、「相濡以沫」的溫善。

　　當然，這樣的故事可以再加「深化」，透視「一象多義」的世界，提出更深層的解讀。由此出發，「櫻桃樹」將成為「希望」的象徵。枝頭上一顆顆紅艷，灼灼朱彩，正晃動著天際的點點希望，奕奕迎風，閃動著永不褪色的理想之火。於是，「生命會尋找它的出口」（電影《侏羅紀公園》）、「前方是絕路，希望在轉角」（電影《賤精先生》），以「希望」為星光，以「韌性」為拐杖，將能跨越眼前泥濘，穿過前方荊棘，走出嶄新坦途。至於故事中的「小朋友」，其實

是「想自殺的人」的「小貴人」，藉由「小朋友」純真的問話、單純的要求，讓「想自殺的人」轉移注意，在「用力搖晃櫻桃」的幫幫忙中，既幫助樹下的「小貴人」，同時也幫助樹上的自己「轉念」（「心隨境轉」），在照顧別人，也照顧自己中，打開輕生的死結，再度踏向「可以失望，不必絕望」的未來人生。

## 四、「形象思維」的進境

　　形象思維立足於敏覺的觀察力，發皇於不同向度的想像力（接近聯想、相似聯想、因果聯想）。第一、就「具體情境」而言，力求有畫面、有層次（亦即「生動描寫」、「深化」），無不以「譬喻」為遣詞造句的核心（見附錄表），展現栩栩如生的書寫。以顏色的描寫為例：

（一）從比爾根傑到加德滿都，相距二百九十公里。車開出去不久，大家就不再作聲，很快明白，昨天在比爾根傑遇到的困境基本上屬於邊境性的遺留，真正的尼泊爾不是這樣。
　　　首先是色彩，滿窗滿眼地覆蓋進來，用最毋庸置疑的方式了斷昨天。我們的色彩記憶也剎時喚醒：希臘是藍色，埃及是黃色，以色列是象牙色，伊拉克是灰色，伊朗是黑色，巴基斯坦說不清是什麼顏色，印度是油膩的棕黑色，而尼泊爾，居然是綠色！（余秋雨《千年一嘆‧本來就是一伙》）

（二）落日浸入海水中，海與天完全被燒熔，一片火紅、橘紅、絳紫，彷彿油彩在流淌。不多時，落日沉入

　　　　　水平線下，西邊的岬角和防波堤淪入黑影，天際一
　　　　彎新月現身，滿天彩霞轉為深沉的藍靛色雲朵，日
　　　　落的方向尚餘一團燒透雲團的紅光，好似一座鼓風
　　　　爐。岸邊燈火在薄霧中亮起，沿著海岸線從拿坡里
　　　　的方向一直延伸過來，亮晶晶的，像是海灣的項
　　　　鍊。（孫偉芒《夢幻的邀請》）

（三）成人唱歌，為什麼有時反而壞事。成人不透明，他
　　　　總是把一首藍色的歌加點紅，唱成了紫。或者加點
　　　　黃成了綠。結果詮釋變成了扭曲。他又像在素雅的
　　　　雪菜百葉的翡翠白玉般的組合中加了一匙黑的醬
　　　　油，他又像在香甜焦黃的炸糯糰上不由分說的灑上
　　　　了黑胡椒醬。（張曉風《這杯咖啡的溫度剛好・聞
　　　　歌》）

第一例為重點觀察，一開始即採轉化敘述（「首先是色彩，滿窗滿眼
地覆蓋進來」），印象中行經的國家紛紛概括成單一色調（「藍」、
「黃」、「象牙」、「灰」、「黑」、「棕黑」、「綠」）；第二例為相關、
順序觀察，以譬喻（「好似一座鼓風爐」、「像是海灣的項鍊」）、誇
飾（「彷彿油彩在流淌」）生動描寫；第三例則為變化觀察，用視覺
色系描寫聽覺，於是單純的一首歌開始加料（「一首藍色的歌加點
紅，唱成了紫」、「加點黃成了綠」），進而荒腔走板（「像在素雅的
雪菜百葉的翡翠白玉般的組合中加了一匙黑的醬油」、「像在香甜焦
黃的炸糯糰上不由分說的灑上了黑胡椒醬」），淋漓盡致的發揮食物
色香味的「移覺」饗宴。
　　第二、就「問題情境」而言，力求有故事、有轉折（亦即「虛擬
示現」、「擴大」），無不以「映襯」為組織結構的核心（見附錄表），

形成情節組合的變化。以「愛」的題材為例，如王鼎鈞〈認識愛〉
（《靈感》）：

> 一個作家娶了一個不識字的太太，每天教太太認字。他寫
> 「桌子」，把這兩個字貼在桌子上。他寫「電燈」，把這兩
> 個字貼在電燈上。太太每天看見桌子、電燈，溫習這些
> 字。不久，他家所有的東西都貼上了名條。
> 有一天，他教太太認識「愛」，這個字沒處貼，就抱住太
> 太親嘴。兩個人親熱了一陣子，太太總算把這個字記住
> 了。她說：「認識了這麼多字，數這個字最麻煩。」

文中藉由映襯，由實而虛，由具體而抽象，點出「愛」不是對應的靜
動，沒有固定形式，而是合成變化，深深埋在心裡。似此無形無色、
無聲無味的「美感興發」[2]，最具無限魅力，也最麻煩。

## 五、結語

　　綜上所述，可見「形象思維」是有「形象」、有「思維」的複合
書寫，有畫面、有故事的語言藝術。大凡面對〈一張舊照片〉、〈最
欣賞的一幅畫〉、〈○○的異想世界〉、〈回憶〉、〈鏡子〉、〈想飛〉、〈走
過〉等作文題目，最宜善用形象思維，把「形象」（具體情境）寫活，
把「思維」（抽象情理）寫深，形成文字書寫的二重奏，展現高度的
觀察力、想像力與思考力。

---

2　有興趣者，可與張愛玲〈愛〉合觀，張愛玲〈愛〉賞析，可參筆者〈試論
　極短篇閱讀教學——以反諷為例〉，《國文天地》433 期，頁 107-109。

　　至於訓練形象思維，激化右腦「用形象來思考」、「寓於形象的思維」（別林斯基語），大抵方式有三：

　　　　（一）增加形象積累；
　　　　（二）欣賞藝術；
　　　　（三）激發想像：再現想像與創造想像。[3]

　　一言以蔽之，作家名篇與經典影片的觀摩、賞析與運用，正是「積學儲寶，酌理富才」，激發文本互涉的創造力。以作家為例，如王鼎鈞「人生三書」（《開放的人生》、《人生試金石》、《我們現代人》）、《碎琉璃》，林良《和諧人生》、《豐富人生》、《淺語的藝術》，張曉風《曉風散文集》、《曉風戲劇集》、《再生緣》、《我在》、《星星都已經到齊了》，黃永武「愛廬小品」四書（《靈性》、《生活》、《勵志》、《讀書》）、「生活美學」四書（《天趣》、《諧趣》、《情趣》、《理趣》），姚一葦《說人生》，鹿橋《人子》等，正足以觀摩相善，酌理富才，增加形象的涵化、積澱。以電影為例，如張藝謀導演的《紅高粱》、《我的父親母親》，黑澤明導演的《羅生門》、《夢》，Peter Weir導演的《春風化雨》（*Dead Poets Society*）、Robert Zemeckis《阿甘正傳》（*Forrest Gump*）等，可藉由電影「鏡頭」的組合、「畫面」的選擇，開拓視覺藝術的視野，豐富空間智能的形塑，激發「接近」、「相似」、「相對」、「因果」的再創想像。

　　其次，形象思維中的「具體情境」與「問題情境」須明確釐清、辨析。大凡「具體情境」的作品，重細節，強調有畫面，以散文、詩

---

3　賀壯《走向思維新大陸──立體思維訓練》（北京：中央編譯，2005），
　　頁 183-185。

歌為主（繪畫性大於戲劇性）；「問題情境」的作品，重情節，除了強調畫面外，更重視戲劇性，以小說、戲劇為主（戲劇性大於繪畫性）。換言之，形象思維中結合陳滿銘章法學，「具體情境」偏重「圖底家族」與「虛實家族」，「問題情境」偏重「因果家族」與「映襯家族」。[4]

最後，形象思維的書寫，是感知找到思維，思維找到形象（思維的穿透力），形象找到文字，文字找到畫面（形象的感染力）。其中思維開拓的形象，貴於「新思維新形象」、「舊思維新形象」，讓形象的極態盡妍，浮想連翩，挑戰「反諷」與「象徵」的批判與多義。而似此充滿新語感的創造性書寫，在遣詞造句上，莫不以「譬喻」為核心；在組織結構上，莫不以「映襯」為核心。兩者堪稱表達力的兩大重點，形象思維中的倚天劍與屠龍刀，值得深入理解，熟悉應用，進而互動變化，邁向形象思維的高峰，語文藝術的極致。

---

4　陳滿銘《章法學綜論》（臺北：萬卷樓，2003），頁 428-455。

## 附錄：表達力系統

（一）字句修辭：遣詞造句（A、B）→想像力

（二）篇章修辭：組織結構（A、－A）→思維力

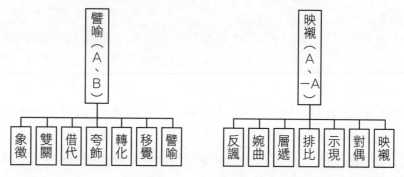

## ●● 形式邏輯與作文

### 一、前言

　　作文中的「立意」，包括「理」與「情」，理是文化中群體的客觀認知，人類思維共同遵守的規範；訴諸知性，有規有矩，自成方圓。

　　歷來知性，無不建立在二元對立（A、－A）上，亦即「二分法」。[1] 大凡國寫中的知性題，由此開展出最基本的「形式邏輯」，與通行的「抽象思維」，邁向「言之有物」、「言之有理」的知性世界；力求「概念清晰」、「判斷正確」、「推理得當」、「論證有力」的客觀書寫。

### 二、形式邏輯

　　形式邏輯立足二元對立，主要指「三一律」（同一律、矛盾律、排中律）[2]，三者中以同一律最為重要。

（一）同一律

　　同一律（law of identity），即 A＝A。如：

---

1　可參筆者〈知足者仙境，不知足者凡境——談二分法〉，見《修辭行旅》（臺北：東大，1996），頁 1-32。
2　另亞里斯多德亦有「三一律」：「時間統一、地點統一、動作統一」。所謂「動作統一」即情節的統一，迄今仍是寫作中極重要的寫作原則。和邏輯的「三一律」內容不同，須加辨析。

1. 吃飯時吃飯，睡覺時睡覺。
2. 我就是我，你就是你。
3. 長得鼻子是鼻子，眼睛是眼睛。
4. 動者恆動，靜者恆靜。
5. 信者恆信，不信者恆不信。

力求名實相符，表裡一致，拒絕偷換概念，回歸最明確、最單純的認知。因此，在同一律的運動中，無不強調「情景事理」的純粹性，不含雜質，重申清明本質，簡潔有力。如弗里德里希・呂克特（Friedrich Ruckert）情詩：

> 如果你是因為愛美，請不要愛我；
> 愛太陽吧！他有著金色的髮。
> 如果你是因為愛朝氣，請不要愛我；
> 愛春天吧！每年它都年輕一次。
> 如果你是因為愛寶藏，請不要愛我；
> 愛美人魚吧！她有許多光潔的珍珠。
> 如果你是因為愛而愛，是的，那麼愛我吧！
> 永遠愛我，就像我愛妳直到永遠。

愛自足於愛，不是因為「美」、「朝氣」、「寶藏」，而是因為「單純的喜歡」、「永遠的喜歡」。純粹因為「相視而笑，莫逆於心」，沒有太多的雜質，沒有特殊算計，沒有別的附加條件，純粹因為美感經驗的興發，純粹因兩情相悅的美好。又如張曉風辨析：

> 愛我，不是因為我美好，這世間原有更多比我美好的人。

　　愛我，不是因為我智慧，這世間自有數不清的智者。愛
　　我，只因為我是我，有一點好有一點壞有一點痴的我，古
　　往今來獨一無二的我，愛我，只因為，我們相遇。（〈矛
　　盾篇之一〉）

愛我只因為「我是我，有一點好有一點壞有一點痴的我」，欣賞我的
優點，包容我的缺點，指正我的盲點；愛我只因為我的特點，不是
「第一」而是「唯一」；今生有幸相遇、相知。反觀有些人高談「真
愛」、「愛臺灣」，往往只是以愛之名為幌子，實則「真愛錢」、「愛
臺幣」，自欺欺人，混淆視聽，經不起檢驗。

　　其次，心物相感，往往起心動念，過於著物著相，忘了「心無所
住」，忘了保持心的清淨無染。因此，金庸《天龍八部》揭示《九陽
真經》口訣：

　　它狠任它狠，清風拂山崗；它強任它強，明月照大江。它
　　自狠來它自惡，我自一口真氣在。

所謂武功口訣，即修心的境界，不管對方如何強悍凶猛，如何蠻橫囂
張，永遠保持「平常心」，不疾不徐；澄明寬廣，天清地寧，八風吹
不動。事實上，換另一角度來看，「惡人自有惡人磨」、「一物剋一
物」，委實不必住心多慮，用別人的「狠」、「強」來影響自己。

　　最後，運用同一律，可以結合後設思考，展開更進一步的覺察，
如：

1.　我捨不得他們的捨不得。（基測作文範例）
2.　流放者在流放中找到意義。（楊澤〈漁父·

一九七七〉）

3. 我追尋的不是前人的腳蹤，我追尋的是他們的追尋。
（松尾芭蕉）

第一例站在更高的視野，展現「旁觀者清，當局者迷」的強烈對比。這樣的「捨不得」無疑多了一絲悲憫。第二例指出「流放者」往往怨天尤人，自暴自棄，忘了「過程即意義」，流放固然讓人不歡，但流放也讓人成長。沒有當年的流放，就沒有生命被逼入絕境的深刻，沒有顛沛的流放，就沒有逆增上緣的體會。第三例以前人為借鏡，篳路襤褸，以啟山林。但重點不是一步一腳印，而是「追尋他們的追尋」的初心與勇銳。風簷見足跡，古道照顏色；自是心輝相映，有所召喚。

## （二）矛盾律

矛盾律（law of contradiction），形式為 $A \neq -A$。如：

1. 花非花，霧非霧。
2. 快樂就是不快樂。
3. 你的孩子不是你的孩子。
4. 你的家不是你的家。
5. 笑就是不笑。

邏輯是對不對的問題，就形式來看，五句均為矛盾句，違背同一律，不合乎一般經驗法則。但在「情境事理」中，除了「應然」，還有「實然」；除了「必然」，還有「不必然」，以矛盾語法（悖論）見長。如：

1. 在這種客觀邏輯之中，又包藏著另一種主觀邏輯，那就是，成吉思汗在戰爭中越來越懂得打仗。軍隊組織越來越精良，戰略戰術越來越高明，諜報系統越來越周全，這使戰爭變成了一種節節攀高的自我競賽，一種急迫地期待著下一場結果的心理博弈。於是，就出現了另一種無法終止的動力。

   鑑於這些客觀邏輯和主觀邏輯，戰爭只能越打越遙遠，越打越血腥，在很大意義上已經成為一種失控行為。

   這就是說，種種邏輯組合成了一種非邏輯。（余秋雨《新文化苦旅》）

2. 臉書，是 13 億人合力鑿開的巨洞，開放又閉鎖，彼此窺視、互相取暖。我陷落其中，自體繁殖，分裂出另一個我。我是她如紙娃娃，成天擺弄她，替她穿衣打扮、帶她吃飯旅行、為她閱讀書寫，隨她心情起伏時悲時喜，愛著那些為她按讚和說話的頭像。逐漸地，我失去了朋友，以及自己。

   角度倒錯如時鐘跳針、倒轉，終至失序。愛麗絲說：「我無法解釋自己，因為我不是我。」我也愈來愈不明白，我是誰？誰是我？誰是軸心？誰繞著誰而旋轉？（陳怡芬〈洞〉）

矛盾律是靜態，非黑即白；但世事弔詭，動態變化，往往是非關係不穩定，是中有非，非中有是，往往始料未及。第一例指出戰爭中「種種邏輯組合成了一種非邏輯」（A＝－A），由文明走向野蠻，由理性走向非理性，最終失控，尾大不掉。反觀第二例指出玩臉書的荒謬，

臉書是「既開放又封閉的巨洞」，每人在洞中「演戲」，粉墨登場。
結果「我不是我」（A＝－A）。反正戲演得好可以騙別人，也騙自己，
自娛娛人，也自愚愚人。而世上，即存在矛盾律的深刻真實。

　　因此，徐國能《綠櫻桃》中亦出現矛盾語法：

> 據說竹子是不開花的，當它開花之時，也就是死亡的時
> 刻。回想起許多年前，課堂上白髮的教授告訴我們，竹子
> 並不是因為開花而死亡，而是因為預知了死亡，所以趕緊
> 開花。原來，竹子在常態底下不靠花粉傳播種子，而是以
> 根部分裂新芽，也就是筍，然後才慢慢長成新的個體。因
> 此一片竹林，其實每一株都有同樣的基因，其根部也都是
> 相連的。但是竹子具有探測微量元素的特殊能力，一旦感
> 到地力將盡，已不再能負荷群竹之所需時，它便以最後的
> 養分開花，讓花粉隨風颺，落在新的土地上，重新開始生
> 根發芽，經過數十年後蔚然成林，而原先的竹林則因為養
> 分耗盡，終於全數枯死。（〈竹影〉）

「自其變者而觀之」，所謂「開花之時，也就是死亡的時候」，訴說生
死為一貫（A＝－A），死亡的終點也是生命的起點；化作春泥，可以
更護花；開花傳播花粉，竟是更護竹。似此「相反相成」，實為生命
的弔詭精義。

（三）排中律

　　排中律（law of excluded middle），形式為「A 或－A」。
　　如：

1. 是或不是。
2. 要或不要。
3. 去或不去。
4. 甜或不甜。
5. 妙或不妙。

兩者必須擇一，不能跳出兩者之外，還有第三種選擇。因此，排中律另一形式為「不是 A，是−A」、「是 A，不是−A」，一反一正，正反相對，語意明確鮮明。諸如：

1. 積善之家必有餘慶，積不善之家必有餘殃。(《周易》)
2. 君子和而不同，小人同而不和。(《論語》)
3. 天作孽，猶可違；自作孽，不可活。(《孟子》)
4. 有所不為也，而後可以有所為。(《孟子》)

藉由「善、不善」、「和、不和」、「同、不同」、「可、不可」、「不為、為」，針對修身養性、待人接物，均斬釘截鐵，立意鮮明，饒富深義，成為經典名句。

至於運用在文學創作，往往跳出排中律（不是 A 即−A）的限制，自先否定再肯定，或先肯定再否定的抑揚襯托（「不是 A 而是 B」）加以翻疊。如：

1. 看書不難，能讀為難；
   讀書不難，能用為難；
   能用不難，能記為難。(張潮《幽夢影》)

2.　我的心靈是一隻古老的瓶，
　　只裝淚水，不裝笑渦。
　　只裝痛苦，不裝愛情。（瘂弦〈深淵〉）

第一例藉由「不難」、「難」的一再對比，指出「看書」的真正本領，
在「讀」、「用」、「記」的遞進上升，化為自身精神養分。第二例則
藉由譬喻，「裝」、「不裝」的對比，強調內心的滄桑，一把辛酸淚。
　　運用在散文上，排中律二分法的「反正」（先否定，再肯定）敘
述，最能強烈襯托對照下，揭示鮮明有力的主題。如：

你若愛，生活哪裡都可愛；
你若恨，生活哪裡都可恨。
你若感恩，處處可感恩；
你若成長，事事可成長。
不是世界選擇了你，
是你選擇了這個世界。
既然無處可躲，不如傻樂；
既然無處可逃，不如喜悅。
既然沒有淨土，不如靜心；
既然沒有如願，不如釋然。（豐子愷《豐子愷文集》）

其中「不是世界選擇了你，而是你選擇了這個世界」，先抑後揚，同
時在回文中，揭示人生精義；正是「沒有命運，只有選擇」。選擇決
定你的認知，決定你的態度，更決定你的心境，彰顯昂揚的主體精
神。絕非席慕蓉〈繡花女〉所云：

> 我不能選擇我的命運，
> 是命運選擇了我。

接受環境（命運）的擺布，陷溺在困境中，忘了開拓主動積極的人生。

事實上，對比中除了「正反」外，另有「有無」（先無後有）的排中敘述，揭示深刻鮮明的見解。如：

1. 人生沒有對錯，只有選擇。
2. 世上沒有天生的壞人，只有變壞的好人。
3. 作父母的沒有放心，只有擔心。
4. 慈悲沒有敵人，只有貴人。
5. 天下沒有走不通的路，只有想不通的人。
6. 世上沒有不能講的話，只有不會聽的耳朵。
7. 作文不能沒有論述，只有敘述。

凡此藉由「沒有」、「有」的強烈對比，毫不猶豫；清晰陳述，拒絕支吾其辭，直述對「人生」、「世上」、「作父母」、「慈悲」、「天下」、「作文」的定見，值得觀摩相善。

大抵形式邏輯立足於二元對立，持之有故，言之有理，展現垂直思考的「應然」與「必然」，最能和抽象思維（「分析、比較、演繹、歸納」）相結合，互為表裡，形塑有效、可信的推論與敘述。

就此三一律而言，同一律（A＝A），切忌偷換概念，混淆視聽。如：

1. 你對我有情意，讓我們就情緒吧！

2. 你很堅強，就繼續逞強下去。

所謂「情意」不等於「情緒」，「堅強」不等於「逞強」；必須糾繆澄清，不容指鹿為馬，顛倒黑白。其次，在矛盾律（A≠－A）上，拒絕矛盾，但有時矛盾語法（A＝－A），有其特殊情境，如敻虹〈記得〉：

> 關切是問
> 而有時
> 關切
> 是
> 不問

其實「不問」不代表不關切，把心關掉；而是採取無為、不干擾原則，等對方心情平靜，需要肩膀時，再給肩膀，需要支援時，再伸出援手。至於排中律（A 或－A）則不能停在表面上，宜再求深化。如祈禱文：

> 主啊，請賜給我寧靜，讓我接受我所不能改變的；主啊！請賜給我力量，改變我所能改變的；主啊：請賜給我智慧，讓我可以分辨什麼是可以改變的？什麼是不能改變的？

「面對它」，是改變能改變的；「接受它」是接受不能改變的；而在形式邏輯之餘，要能再往「深一層」、「高一層」去判斷釐清。而要能有效「處理它」，則非「智慧」不為功。因為只有「智慧」，才能「辨

認真實」、「用整體的觀點看事物」，擁有「解決具體人生問題的能力」。

## 三、結語

由古迄今，形式邏輯是「思維」活動的根本理則，共同認知的起點。以機器喻作文，「同一律、矛盾律、排中律」正是讓機器運作的主要線路；以蓋高樓大廈為喻，三一律正是穩定牢靠的地基，堅實密合的鋼筋水泥；三一律綜合運用，共同邁向都會高空，最能展現「正確、清晰、嚴謹」的力與美。

就邏輯性而言，同一律注重「概念、判斷、推理、論證」內容（實質）上的同一，絕非「語詞」表面上的相同關係。因此，以下的敘述即違反同一律：

> 我長得很安全，所以騎機車不必戴安全帽。我血型 O 型，所以我有 O 型腿。我屬猴，所以我脾氣不好，喜歡爬樹。疲倦的時候，我愛喝「蠻牛」，所以我做事很野蠻，橫衝直撞，常常惹禍上身。

畢竟長相「很安全」和騎車不必「戴安全帽」是兩件事，風馬牛不相及。血型 O 和 O 腿型，沒有必然關係，純屬混淆視聽。十二生肖「屬」什麼，並非「真」的是什麼，沒有說生肖屬牛、屬馬，一定長得「牛頭」、「馬面」；生肖屬雞、屬狗，做事一定「雞飛」、「狗跳」。同樣，飲食習慣和做事態度，沒有直接關係。沒有說愛喝「牛奶」的，就有「牛」脾氣；愛吃「蜜汁火腿」的，一定「口蜜腹劍」；愛喝「約翰·走路」洋酒的，工作一定不保，隨時準備「走路」；愛抽

「長壽」菸的,一定可以「延年益壽」,變成人瑞。凡此,皆荒謬詭辯,屬於名實不符的連結。又如小說人物違反矛盾律的敘述:

> 我是素食主義者,愛吃香軟味美的豬腳。同時,也是環保志工,常常在山林野溪毒魚。在待人接物上,我一向慈眉善目,特別愛看大屠殺的血腥畫面;沒有種族歧視的偏見,只是瞧不起黑人。對於未來,我希望能社會祥和,只是我喜歡抹黑、挑撥。

須知「素食主義」者是 A,「愛吃香軟味美的豬腳」是非 A,「環保志工」是 A,「山林野溪毒魚」是非 A。「慈眉善目」是表,嗜好「血腥」是裡;「沒有種族歧視」是名,「瞧不起黑人」是實;「社會祥和」是心願,「抹黑、挑撥」是行為。似此表裡不一、行與願違,無疑人格分裂,自相矛盾,最為人詬病。然此矛盾現象,正是「批判性思維」的最佳場域,古往今來「諷刺文學」的肥沃土壤;正可開出一朵朵黑色幽默的「反諷」之花。

　　當然,一部機器要能發揮極致,務必電力源源不絕;一棟美侖美奐的大樓要能脫穎而出,務必建材上選,按圖施工,面面俱到。同樣一篇好的作文,除了綜合運用「同一律、矛盾律、排中律」外,更應輔以「充足理由律」[3],注意理由是否客觀、真實、充分,注意多方推理是否相關、適當,注意多方論證是否貼切、有力。以作文題目〈回家〉為例,除了掌握「家在哪裡,腳就回到哪裡」、「家在哪裡,心在哪裡,溫暖就在哪裡」的核心概念、明確判斷外,更須描述「回家」的種種心情、種種渴盼。以〈想飛〉為題,除了掌握「飛是一種

---

3　李淑文《創新思維方法論》(北京:中國傳媒大學,2006),頁 206。

想像，一種超越」、「翅膀的命運是迎風，人生的美好是飛向夢想」的核心概念外，更須描述「想飛」的種種理由，「不能不飛」的內驅力，「不能不飛」的強烈動機。以〈走過〉為題，除了掌握「走過是走向前方時的佇足回首」、「走過是生命豐富之旅的新凝視」的主要論點外，更須描繪種種特殊、具體的情境（六 W 中的「When、Where、What」）寫出揮別、跨越、再出發的理由（「Why、How」）。

最後值得一提的是，形式邏輯力求前後一致，言之成理；講究垂直思考的「必然」與「應然」，最適合與抽象思維的四種方法「分析、比較、演練、歸納」，密切結合，形成有效、可信的論證與敘述。

無可置疑，一條路走到天黑，一口井挖到無底洞，並非立體思維的良策。當此之際，有必要跳開垂直思考「必然」、「應然」的限制[4]，因時制宜，因地制宜；有必要採取水平思考的變通與靈活，換條路重新走，換口井挖到水。以底下寓言為例：

> 獅子當著老虎的面，問狐狸：「我是不是山中之王？」狐狸如果回答「是」，就得罪老虎，被老虎吃掉；如果回答「不是」，就得罪獅子，被獅子吃掉。狡猾的狐狸想了想，笑著說：「獅子先生，您和老虎的雄威向來令人欽佩。你們二位寬宏度量又無與倫比，我願為二位效勞。河邊還有兩頭小鹿，也自願供你們享用。我現在就去把牠們帶來。」說完就逃開了。

---

4　抽象思維，形式邏輯，均屬垂直思考。以六頂思考帽而言，紅色、白色、黃色、黑色四頂，是垂直思考；綠色另闢蹊徑，藍色後設思考，則為水平思考。

面對獅子的「兩難」設問，狐狸發揮機智，不置可否，跳出「排中律」「二者必擇一」的框框，模稜兩可，進而極力恭維，轉移焦點，避免殺身之禍，堪稱「識時務為俊傑」的機智解決。

可見作文的酣暢書寫，注重垂直思考的「統一」（必然、普遍），亦兼及水平思考的「變化」（不必然、實然、特殊）。而如何針對生活情境，力求「統一中有變化」、「變化中有統一」，當為優質書寫的本領所在。

## ●● 名言佳句與作文

### 一、前言

　　名言佳句，是中外名人智慧[1]的結晶；包括經典雅言、名人雋語、賢達警句、詩文珠璣、醒世格言、傳統諺語、電影智慧語等。如果說作文是一座園林，那麼名言佳句，則是一棵棵思維認知之樹上的果實，一朵朵語言藝術之花；翻丹飛赤，黃綠相映，迎風招展。由此觀之，作文中縱橫書寫，適時運用名言佳句，猶如湯裡放鹽，猶如黑暗中點燃的火把，照亮四周原野；讓整個行文更加豐美，更顯華采。

　　大抵振筆作文時，據題申論，因景抒情，緣事說理，無不自成思路；在「總分總」、「今昔今」的結構中，起承轉合，繼而層層遞進，寫出動人的錦心繡口。一旦適切援引名言佳句，相互印證闡釋，得以片言居要，化個人主觀為「相對」客觀；最能畫龍點睛，豐富內蘊。「引用」名言佳句，除了表現書寫者的「學養」（記憶、理解、思維）之外，更能藉由名言佳句的「活用」，觸類旁通，積極表現書寫者的「創造性」（敏覺、變通、流暢、精進）；讓前賢智慧結晶可以奕奕揚輝，照亮當今學子心靈；同時讓「普世價值」的核心共識，得以對話、內化，得以展開「感知、感染、感悟」；呈現與時俱進的體會，衍生「同義手段」的精采論述。

　　至於「同義手段」（synonymic selection），是「相同的意思」、「不同的說法」[2]，亦即格言的意象化。換言之，同一個意思，可以有不

---

1　「智慧」的基本共識：「（一）辨認真實；（二）以整體的觀點看事物的能力；（三）解決具體人生問題的能力。」見劉昌元《文學中的哲學思想》（臺北：聯經，2002），頁 11。
2　王希杰《修辭學通論》，（南京：南京大學，1996），頁 260。

同的表達，猶如「一句話，可以百樣說」，表現出不同的語感趣味。
是故「同義手段」（亦即「同義選擇」的手段）的簡稱），往往主旨
內涵相近，但表現形式有別，同中有異；雖說表現形式多樣，然主旨
內涵共通，異中有同：

> 同義手段只是意義上大致相同，但在形態上、色彩、語
> 體、風格等修辭功能方面卻不相同。[3]

由此觀之，藉由中西諺語（雅諺、俗諺）中「同義」名言佳句的觀
摩，古今中外名家珠璣警句的「引用」；可看出書寫者不同的選擇；
同時也可以從不同品味的選擇中，看出寫作中運用「名言佳句」時的
語感（理解、應用、分析、綜合）與「活用」的表達（靈活、豐富、
細緻、新穎），力求含英咀華的變通、再造，直指「有意義」、「有意
思」的優質書寫。

## 二、名言佳句的觀摩

　　名言佳句是同義手段的競技場，歷久彌新的「智慧結晶」；求新
求變，往往極態盡妍，各逞其妙，呈現音義兼美的鮮活語感。以「託
辭卸責」、「只知諉過」、「找藉口」的意義為例，可以變成不同雅諺、
俗諺的覺察、類比。如：

　　（一）不會撐船嫌溪灣。
　　（二）不會睡覺怪床歪。

---

3　叢萊庭、徐魯亞《西方修辭學》（上海：上海教育，2007），頁435。

（三）自己跑不快嫌路不平。

（四）不會投籃嫌籃框太小。

（五）拉不出屎來怨茅廁。

（六）不怪自家麻繩短，只怪他家古井深。

以上六例藉由形象思維，分別指出「沒有自知之明」者的盲點；流於「只看見別人眼中的秋毫，看不見自己眼中的梁木」、「閉門思過，都思別人的過」、「只知寬以律己，嚴以待人」、「千錯萬錯，都是別人的錯」；凡此俗諺，大抵用語簡易淺顯，立意鮮明。

　　其次，以「不要捨近求遠」、「只知抱怨」的意思為例，可以珠玉並呈，出現精采的醒目警句，如：

（一）我們常常注意自己所缺乏的，而忘了自己所擁有
　　　的。

（二）不要羨慕天邊的彩霞，而忘了腳下的玫瑰。

（三）兩鳥在林不如一鳥在手。

（四）一隻腳要勝過兩隻枴杖。

（五）半條麵包總比沒有麵包來得好。

（六）不要抱怨自己沒有鞋子穿，有人連腳都沒有。

綜上六例映襯（內容的對比），均指出人要務實，珍惜擁有，避免「當我們擁有時，不太關心；當我們關心時，不再擁有」的遺憾、後悔。吾輩自當深知「比上不足，比下有餘」的幸福；福者，富也，自以為富有，就是有福。進而體會到「知足常樂，能忍自安」（「知足是點金石，點什麼就變成黃金」、「心滿意足是永恆的筵席」）的生活智慧，遠離「一夜想出千條路，明朝依舊磨豆腐」的妄想，揮別「此

山望得彼山高，到了彼山依舊發牢騷」的怨懟不滿，才是精神的高度，生命的正格。

　　復次，以「天無絕人之路」、「到時自然有解決的辦法」為例，可以有不同的表意方法，不同優美形式的呈現。如：

　　（一）船到橋頭自然直。（俗諺）
　　（二）時到時擔當，沒米才煮番薯湯。（臺灣諺語）
　　（三）窮則變，變則通。
　　（四）山窮水盡疑無路，柳暗花明又一村。（陸游）
　　（五）當上帝關了你一扇門，會開另一扇窗給你。
　　（六）山不轉路轉，路不轉人轉，人不轉心轉。（俗諺）

以上六例藉由「表意方法的調整」中的譬喻（一、二、六例）、「優美形式的設計」中的對偶（第四例）、頂真（第三例）、層遞（第六例），指出「路是人走出來的」、「地球是圓的」，不必懷憂喪志；坦然面對，反躬自省，尋求化解之道，才是朗暢態度，才是豁達心胸。似此，電影中不乏相似佳句：

　　（一）明天又是一天。（《亂世佳人》）
　　（二）生命會尋找它的出口。（《侏羅紀公園》）

在在強調要能蓄勢待發，化危機為轉機，化任性為韌性；由地獄走向天堂，由充滿絕望的冬天，走向充滿希望的春天。

　　由上觀之，藉由名言佳句「同一主旨」的閱讀、賞析，可以涵養中西的普世價值，展開東方與西方的人文對話；藉由名言佳句「同義手段」的比較、理解，可以在「同聲相應」中提升認知層次，開拓寬

廣視野，豐富情意陶冶，強化語文智能。可見藉由中西名言佳句的競技場（包括電影），可以提升敘述的「說服力」、「形象性」、「典雅性」[4]，當為訓練學子作文的寶藏，並為有效培養其書寫能力的捷徑；在「理解」、「應用」、「分析」、「批判」、「綜合」中，適足以深化思維力與表達力，值得善加珍視、運用。

## 三、名言佳句的教學目標

名言佳句在作文中的運用，可說「靈丹一粒，妙用無窮。」積學儲寶，酌理富才；有病治病，無病強身。一來可表現「認知」的記憶與理解；二來可強化「情意」的內省智能、人際智能；三來可彰顯「技能」的形象思維。

（一）認知

名言佳句的閱讀與欣賞，是學養的培植，靈魂的按摩；藉由名言佳句的觀摩相善，正足以打開學子的心窗，深化核心概念的理解，會通中西見識，增添立論的佐證。以「能者多勞」承擔責任為例，可以有不同的說法。

1. 士不可不弘毅，任重而道遠。（《論語・泰伯》）
2. 為國為民，俠之大者。（金庸《神鵰俠侶》）
3. 知識就是力量。但是力量愈大，責任愈重。
　　（Knowledge is power. But with great power comes great

---

4　羅積勇《用典研究》（武漢：武漢大學出版社，2005），頁251。

responsibility.）（電影《蜘蛛人》）[5]

4.　風浪總是站在最能幹的航海者這一邊。

（The winds and waves are always on the side of the ablest navigators.）（西諺）

藉由以上「同義手段」中西名句，可以相互發明、印證。第一例強調真正有能力的知識分子，應該有「肩膀」、有「擔當」，把責任放在雙肩上，把道義擔在硬骨上；「天下興亡，匹夫有責」，能為一般人所不願為，能扛一般人所不願扛，展現「更大的能力、更大的責任」的恢弘氣魄。第二例出自郭靖之口，強調「氣度決定高度，格局決定結局」。真正的大俠是懲奸除惡、濟弱扶傾，「憂以天下，樂以天下」，既享受社會資源，更注重社會義務，「讓陽光到陽光不到的地方」（簡媜），將世紀的冰河踏為暖流。絕非「為己為私，器之小者」。第三例是叔叔臨終前對蜘蛛人彼得的告誡，指出「力量愈大，應心量愈寬」、「生命是用來完成使命的」、「更大的陽光是更大的普照」；猶如電影《亞果出任務》中所云：「我們對這些人有責任。」因為懂事，所以承擔；因為懂得，所以慈悲。一個有能力的人絕不宜以氣使力，流於「貪婪愈大」、「墮落愈大」、「為害愈烈」的反諷行徑。第四例指出真正的好手無懼風浪，與風浪為友。進而操危慮患，臨深履薄，衝鋒陷陣，完成艱巨任務。畢竟「機會是留給準備好的人」，成功是給屹立不搖、任重道遠的人。

　　至於面對「能者多勞」，除了全力以赴外，亦宜「量力而為」，實事求是，細心耐心，避免「善游者溺，善騎者墜」（《淮南子・原道訓》）的輕忽招禍。畢竟可以「鞠躬盡瘁」，不必「死而後已」；可

<hr />

5　翻譯見張春榮、顏荷郁《電影智慧語》（臺北：爾雅，2005），頁106。

以「辛勞」，不必「猝勞」，則是「認知」上進一步的反思。展現「認知領域」中「記憶、推理、問題解決、概念形成，以及程度有限的創造性思維」[6]；經由求異的分析，求同的綜合，直指定向定序的批判性與創造性。

（二）情意

　　名言佳句的情意，召喚莘莘學子的共鳴（接受、反應），引發各種的價值判斷，往往留下不同思維的討論空間，邁向深度對話。以「我喜歡有什麼不可以」的自利心態而言，可以有不同的見解：

1.　人不為己，天誅地滅。
2.　人不為己，花好月圓。
3.　人不為己，天崩地裂。
4.　各掃門前雪，莫管他人瓦上霜。
5.　今日莫管他人瓦上霜，來日誰管你腳下泥。

試想當一個人只強調自我的權利時，認為「凡存在皆合理」，凡事「跟著感覺走」，將由自戀走向自私，往往形成「自我的極大化」（「天大地大，我最大」）。如果只有「孤島」、「穴居」觀點，只知活在「私領域」的滿足，即造就第一例（「人不為己，天誅地滅」）的「滅絕」、「獨活」心態，養成第四例（「各掃門前雪，莫管他人瓦上霜」）的「缺德」主義，「封閉」行事。

　　問題是一個人除了「權利」之外，仍要盡「義務」，講究「相互

---

6　譚曉玉、袁文輝等譯，安德森、索斯尼克主編《布盧姆教育目標分類學──40 年的回顧》（上海：華東師範大學），頁 18。

主體性」，進而邁向認知的「全體」。固然「我喜歡有什麼不可以」、
「凡存在皆合理」，但細加檢視，則知未必「合乎公理」、「合乎真
理」，我喜歡仍是不可以。人除了「跟著感覺走」之外，也應「跟著
知性走」，不偏不倚，中道而行；看清除了「人與自己」之外，還有
「人與社會」的「公領域」。由此條貫上達，由白色思考帽（客觀）
提升為黃色思考帽（正向），則是第二例（「人不為己，花好月圓」）
的朗暢心態，力主「利字放兩旁，道義擺中間」。凡此即是王邦雄
（見隱地編《備忘手記》）所謂：

> 我自己好，是善，跟人家一起好，才是完善。
> 對人家好，是情意，忘了對人家的好，才是智慧。

如此一來，所謂「人不為己，頂天立地」，所謂「心底無私天地寬」
的大愛，將是「共生」的和諧，「多贏」的圓滿，相互成全的美好，
文明的化境。反觀第三例（「人人為己，天崩地裂」）、第五例（「今
日莫管他人瓦上霜，來日誰管你腳下泥」）的行徑，封閉硬化；則為
「互毀」的偕亡，「盡輸」的冷漠，無明的野蠻荒寒之境；毫無情意
可言，毫無溫暖可感，怵目驚心。

## （三）技能

　　名言佳句的技能，在於抽象概念的具象化，用畫面說話；展現活
力的形象思維，形塑飽滿鮮活語感。以底下四句抽象敘述為例：

1. 不要因小失大。
2. 不要光說不練。
3. 把握現在。

4.　成功要靠能力，也要靠機會。

即可經由加工改造，語言藝術的活用，一躍而為理顯意豁的精采金句：

1.　當你擁有屋頂時，你往往忘了天空。
2.　說一丈不如做一尺，彈五指一如伸一拳。
3.　昨天是一張作廢的支票，今天是你唯一擁有的現金。
4.　成功好比梯子，「機會」是梯子兩側的長柱，「能力」是插在兩個長柱之間的橫木，只有長柱沒有橫木，梯子沒有用處。（狄更斯）

四組前後對照，可以明顯看出名言佳句的竅門，在於形象思維的妙用，以具體喻抽象，有識者當於此多加琢磨，觸類旁通，善加發揮。

## 四、名言佳句的分類

名言佳句，包括中西經典雋語、醒世格言、詩文珠璣、雅諺俗諺、電影中智慧語等，計分「人與自己」、「人與社會」、「人與自然」三類。

（一）人與自己

面對自己，是生命教育，內省智能；除了做自己外，要做更好的自己，提升價值的層次，中西哲人均有定見：

1.　自知者明，勝人者有力，自勝者強。（老子）

　　2.　最應重視的不是人生，而是好的人生。（蘇格拉底）

　　　　（Not life, but good life, is to be chiefly valued.）

老子認為要了解自己，做人像一面鏡子，能鑑照真實的自己，同時要能刮垢磨光，修正自己的缺失，精益求精，蘇格拉底一再強調，由「生存」、「生活」至「生命」，要能求真求善，讓人生更有價值，更有意義，才是有志之士的寫照。

　　其次，面對人生的心態，要能積極樂觀，充滿陽光：

　　1.　把臉迎向陽光，你便看不到陰影。（海倫・凱勒）

　　　　（Keep your face to the sunshine and you cannot see the shadow.）

　　2.　笑容是陽光，可驅散面容之冬寒。（雨果）[7]

　　　　（Laughter is the sun that drives winter from the human face.）

海倫・凱勒斬釘截鐵道出，健康的心態是滿懷熱情與希望，昂揚豁達；絕非把臉迎向陰霾，滿臉愁容。因此，雨果一再強調笑對人生，笑對人群。樂觀的笑容可以驅散愁容，趕走憂鬱；只要「嘴角向上彎，終生不怕難」，所有的困難，無不在「微笑」、「大笑」中慢慢消失。

　　最後，做人貴於謙虛，切忌驕傲：

---

7　以上三則翻譯（2.1.2），見張春榮、顏荷郁《世界名人智慧語》（臺北：爾雅，2008），頁 11、28、117。

1. 如有周公之才之美，使驕且吝，其餘不足觀也已。
（《論語》）
2. 驕傲自滿是我們的一座可怕陷阱，而且，這個陷阱是
我們自己親手挖掘的。（老舍〈人生行路〉）
3. 白雲謙卑佇立天空一隅，
晨光為它戴上璀璨彩霞。（泰戈爾）
（The could stood humbly in a corner of the sky,
The morning crowned it with splendor.）

孔子對貢高我慢、吝嗇助人，極其批判，一旦驕傲狂妄，無知自私，
終將弊病叢生，日趨下流。老舍指出驕傲自滿是自挖的陷阱，往往當
局者迷，渾然不知；結果越挖越大，越陷越深，無法自拔。因此，泰
戈爾讚賞白雲不以自己為中心，讓出位置給太陽，反而在晨曦中增添
瑰麗色澤。而三例的敘述，可與「滿招損，謙受益」相互印證。

（二）人與社會

　　人與社會包括品德教育，人際智能，而真正的知識分子兼善天
下，應有所承擔，不能置身世外。

1. 士不可不弘毅，任重而道遠。（《論語‧泰伯》）
2. 安得廣廈千萬間，大庇天下寒士盡歡顏。（杜甫〈茅
屋為秋風所破歌〉）
3. 風聲、雨聲、讀書聲，聲聲入耳；國事、家事、天下
事，事事關心。（顧炎武）

孔子指出真正的知識分子要能「鐵膽擔道義」，恢宏氣魄，絕不推卸

責任；這樣的氣度，展現生命的高度；道義擺中間，鞠躬盡瘁，至死無悔。而杜甫是「窮年憂黎元，嘆息腸內熱」的體現，同情心、同理心的親切湧現，絕非獨善其身的小鼻小眼。至於顧炎武一再強調「天下興亡，匹夫有責」，讀聖賢書，所學何事，正是憂以天下，樂以天下；生命是用來完成使命，絕非混吃等死，毫無作為。

其次，對於人際交往，自古中西名言均有清晰告誡：

1.  君子之交淡如水，小人之交甘若醴。(《莊子‧山木》)

2.  不要重視只會恭維你言行之諂友，而要重視會善意指責你缺點之諍友。(蘇格拉底) [8]
    (Think not those faithful who praise all thy words and actions, but those who kindly reprove thy faults.)

莊子對交友的剖析，最為中骨。君子以道義交，以學問交，直心素面，莫逆於心，言笑讌讌。縱然相聚時粗茶淡飯，也是滋味無窮；反觀小人以利益交，無事獻殷勤，非奸即盜，有事相求算計，自是口蜜腹劍，居心不善。職是之故，蘇格拉底強調要結交「諍友」，諍友直諒多聞，欣賞你的優點，推正你的缺點；深知忠言逆耳，仍勸善糾繆，不加迴護。反觀諂友，逢迎拍馬，不問是非，巧言令色，相互欺矇，但求利益，無視道義，讓你在「自我感覺良好」中日益沉淪。蘇格拉底的諄諄告誡，適可與孔子所言「益者三友」、「損者三友」相互輝映。

---

8  翻譯見張春榮、顏荷郁《世界名人智慧語》（臺北：爾雅，2008），頁30。

（三）人與自然

　　人與自然，屬於環境教育，存在智能；對於人和自然的關係，能深刻理解。如：

1. 與人和者，謂之人聲；與天和者，謂之天樂。（《莊子·天道》）
2. 要征服大自然，須服從大自然。（培根）[9]
　（Nature, to be commanded, must be obeyed.）

莊子認為與自然和諧相處，是生命的最高境界，一氣流轉，渾然忘我；沒有「人定勝天」的偏執，只有天人合一的和諧。培根強調「征服」是人定勝天的傲慢，只有「服從」，才是人對大自然應有的謙卑。尤其自環保教育觀之，我們只有一個地球，人類屬於地球。尤其自「人」、「天」的字形相較，根本「人在天裡」；地球不屬於人類，只有和諧共存，才是王道。

　　職是之故，對於環保生態、極端氣候，不能視而不見：

1. 氣候愈來愈極端，災難也只會愈來愈巨大，當土地發生這麼大的變化時，我不能袖手旁觀，我唯一能做的，就是把我看到的一切，透過各種方式，送到臺灣人的眼前。（齊柏林）
2. 千轉萬轉不轉彎，一生種樹為臺灣。（賴倍元）

---

9　譯文見張春榮、顏荷郁《世界名人智慧語》（臺北：爾雅，2008），頁97。

齊柏林以空拍照見這土地的美麗與哀愁，美麗之島日漸蒙塵，環保問題迫在眉睫。而賴倍元則以種樹護生，在雪山貢獻一己之力，希望綠色大軍能對空氣品質有所助益，同時召喚有心之士，前呼後應，為這塊土地的綠能環保共襄盛舉，蔚為清流。

綜上所述，可見名言佳句在「人與自己」的內省智能，是生命議題的探討；「人與社會」的人際智能，是品德議題的建立；「人與自然」的存在智能，是環保議題的深刻認知，三者形塑名言佳句核心素養的藍圖。

## 五、名言佳句在作文中的運用

名言佳句在書寫中的運用，向度有二：一、引用；二、活用。始於修辭上的「引用」，配合情境，優質援引，強化論點，理顯意豁；終於題型上的「活用」，有批判、有創思；進而聯類無窮、意象翻飛；展現清晰的思維認知、綻放語言藝術之花。

### （一）引用

論及引用，現分「明引」（明白指出所引的話出自何處）、「暗用」（引用時不曾指明出處）、「化用」（引用時，語文意義有所變化）三類。[10]

作文中名言佳句的「引用」，首重正確，用得對，切忌錯誤；次重用得好，言淺意明，避免艱深晦澀；最後要用得精，配合情境，畫龍點睛，增強說理。因此，就所引的名言佳句而言，「用語極淺，用

---

10 見黃慶萱《修辭學》（臺北：三民書局，2002），頁 136-47。黃麗貞《實用修辭學》（臺北：國家出版社，2000），頁 357。分「明引」、「暗引」、「化引」三類。

意極深」的珠璣金句，最能在作文中發揮靈犀照眼的功能，相得益彰。

以富蘭克林（Benjamin Franklin）的名言佳句為例：

1. 財富並不屬於「擁有」的人，只屬於「享有」的人。
2. 對於不知足的人，沒有一把椅子是舒服的。
3. 懶惰像生鏽一樣，比操勞更消耗身體。經常使用的鑰匙總是亮晶晶。
4. 多看書，但並不是看很多書。

第一例由反而正，指出「擁有」是量的擴充，追逐的負擔；「享有」是質的品味，精神的優閒充裕。第二例是「知足常樂」的逆向思維，對於「不知足」的人，永遠「不滿足」，嫌東嫌西，恐怕沒有一朵玫瑰是嬌媚，沒有一座庭林是賞心悅目。第三例藉由譬喻，指出人如果是鐵，「懶惰」的鏽，可以「吃」掉一個人的元氣；人如果是鑰匙，要「勤快」，多加使用，畢竟「活動活動，要活就要動」，才能歷久彌新。第四例藉由「多看書」、「看很多書」的對照、辨析，進而能「多看好書」、「看很多好書」，多看一流的書，多看真知灼見的好書；要讓自己變成「一流的精品店」，而不是變成「擠爆的大倉庫」。凡此名言佳句，不必求艱澀，但求深獲我心；能引起共鳴，讀來「有感覺」、「有感動」，才能真正加以衍生、討論，進而運用其中精意，加以更精微更入理的闡釋、發揮。

其次，就引用的位置而言，要能發揮關鍵樞紐的功能，振起全篇，強化立意。以第一屆聯合盃作文（2007）得獎作品為例，國小六年級組〈我的偶像〉、國中二年級組〈淚和笑〉，第一名作品分別在最後一段拈出發人深省的名句，精光四射，揭示全篇立論精要之所

在：

1. 海倫・凱勒曾說：「遇到困難時，不是用眼神哀求、言語喝止，而是用雙手扭轉它！」就像我的偶像——杏林子，也就是人人尊敬的劉俠女士一般，以樂觀進取的態度克服種種困難，更以樂天憫人的態度度過險灘和困頓。敬愛的劉俠女士，不但是我的偶像，更是一位心存大愛的善心人士，我雖然不認識這位女中豪傑，但她的意念，卻已深深的打動我心，提醒我在遇到困難與挫折時，要以樂觀進取、努力不懈的精神破除它！（臺北市再興小學　張為甯）

2. 雨果說：「世上最寬廣的是大海，比大海寬闊的是天空，比天空寬廣的是人的心靈。」的確，自然的空間有限而人的心靈無限，且讓我們懷著曠然的胸懷和堅毅的鬥志，在人生的淚和笑中從容自處、自在飛翔。（高雄市瑞豐國中　林映廷）

第一例末段引海倫・凱勒的佳句，確實斬釘截鐵，鏗鏘有力；第二例引雨果的名言，層層遞進，展現深度的透視；似此「引用」，當為相輔相成的極佳示範。而名言佳句用在最後一段的開端，振起全篇立意，效果最佳。

　　反之，未能取精用宏，未能擺在適切位置，重量不重質，流於堆砌，每一段內一再援引。反觀某生〈徬徨少年時〉文中，分別引用：

1. 杜秋娘詩云：「勸君莫惜金縷衣，勸君惜取少年時。」（第一段）

2. 俗諺道：「一年之計在於春。」（第二段）

3. 「草木不經霜，則生意不固；君子不經憂患，則德慧不成。」（第二段）

4. 朱熹先生在〈觀書有感〉中提到：「問渠哪得清如許，為有源頭活水來。」（第五段）

5. 席勒曾說：「青年，是生命之展，是日之黎明，純潔而無瑕。」（第六段）

則為過度鋪陳。須知名言佳句，貪多務得，看似各顯精彩，卻往往錦繡滿眼，相互減損，分散立意重心；不如集中火力，如鑽石一顆，璀璨奪目即可。又如打棒球，與其處處安打，不如全力一擊，長虹貫日，擊出震懾全場，引人喝采的一支全壘打。即以此篇為例，筆者主張，重質不重量，前四句可以不必引，用自己的話來敘述，力求清新敘述。只要最後一段，引席勒名句壓卷，振起全篇，再加融會發揮，引申說明即可。

（二）活用

　　名言佳句的積極功能，在於化被動為主動，激發莘莘學子的變通力、流暢力與精進力，經由引導題型：「改寫」（「內容繼承，形式革新」）、「仿寫」（形式繼承，內容革新）、「續寫」（質的提升）、「擴寫」（量的擴大）的訓練，有中生有，激發認知的創造力。以「事實勝於雄辯」為例，可以「改寫」成：

1. 有理不在大聲。

2. 玫瑰即使不叫玫瑰，依然芬芳。（莎士比亞《羅密歐與茱麗葉》）

強調用「道理」說話（理直氣平，理直氣婉），用「本質」散發魅力，才能淪肌浹髓，使人近悅遠來（「桃李不言，下自成蹊」），才是「花若自開，蝴蝶自來。」的美好畫面。其中第二例，即可「仿寫」成：

1. 夏天即使不叫夏天，依然是熱呼呼。
2. 黃金即使不叫黃金，依然閃閃發光。

藉由類比，展現「相似聯想」變通。反觀第一例「有理不在大聲」，可以「續寫」成：

1. 有理不在大聲，大聲未必有理。噪音大無法證明什麼，一隻生蛋的母雞也常咯咯叫聲，像生下小行星似的。（馬克・吐溫）
2. 有理不在大聲，大聲往往用來掩飾自己「理不直」、「理歪」的真相。就像濕的木柴，只能燒出許多煙來嗆人耳鼻。（筆者）

則可藉由分析比較，藉由譬喻，更加揭示「吉人之辭寡，躁人之辭多」的反差。小聲說理，是文明，大聲咆哮，是野蠻；確實有其道理。二例引申，均能展現理解的精進。至於「事實勝於雄辯」，更可加以「擴寫」成：

1. 金字塔沒說自己很堅硬，火焰沒說自己很灼熱，但誰會不相信？因為它有事實！文藝界乃至政界商界，我看還是務實一點，注重本身品質，少去作秀自吹吧！（黃永武《生活美學・理趣・自吹與務實》）

2. 實踐是檢驗真理的唯一標準。須知閃爍的東西，未必都是黃金；冒煙的東西，未必都是火焰；只有就事論事，才能避免「似是而非」的干擾，才能真正解決問題。（秋實〈語錄〉）

二例分別指出「雄辯是一時的，事實才是永遠的」，「口水是一時的，汗水才是真實的」。縱然浮雲能遮太陽，也只是片刻，終究雲散日出，皓日當空，事實俱在。如此一來，名言佳句不只是珍珠照眼，閃耀光芒而已，更是靈丹一粒，可以提升認知的高度，強化思辨的深度，邁向「批判、創思」的運用層次。

## 六、名言佳句與寫作題型

迄今引導式（限制式）寫作題型，計有十四種[11]，名言佳句與寫作題型結合者，常見的有：改寫、仿寫、續寫、擴寫。

### （一）改寫

名言佳句的活力，在於以故為新，再現普世價值的新感受，人文信念的新揭示，人情練達的新體驗。在歷時性的積澱、共時性的輝映下，名言佳句號稱文化的現鈔，生生不息；在代代相傳的「感知、感染、感悟」中，吐故納新，綻放睿智的火花。通過名言佳句的活用，正可檢視莘莘學子「轉化」（成語意象化、格言意象化）的創造力。以「不要想太多」為例，可以智珠在握，把抽象概念化成鮮活的形象

---

11 計有：翻譯、修飾、組合、改寫、縮寫、擴寫、設定情境作文、引導式作文、文章賞析、文章評論、文章整理、仿寫、看圖作文、應用寫作。見《國家考試國文科命題參考手冊》（臺北：考選部，2002）。

思維，生動「改寫」。如：

1. 不要杞人憂天。
2. 不要讓明天的風來吹熄今天的火。
3. 不要把明天的烏雲拉來遮住今天的太陽。
4. 不要讓明年的颱風來吹倒今年的果園。（以上均秋實）
5. 躊躇的琴弦，只會奏出憂鬱的樂章；空想的船，只會停在港灣腐爛。（蔡志忠）

指出人應做「情緒管理」，避免「憂能傷人」（孔融〈論盛孝章書〉），讓過慮、空想成「壓倒自己的最後一根稻草」。就五句「同義手段」加以相較，明顯可以看出第一句太過常用，如今已覺不新鮮。反觀二、三、四句則將舊觀點予以新包裝，藉由相同情意不同類比，推陳出新，形成充滿活力的佳句建構，令人眼睛為之一亮。尤其第五句，發揮具體情境的類比，讓「空想無益」的立意，有了更栩栩如生的造境。

　　其次，以「人是需要磨練」為例，亦可藉由新感性，展現鮮活語感。如：

1. 不經一事，不長一智。（諺語）
2. 不經一番寒徹骨，焉得梅花撲鼻香。（黃蘗禪師）
3. 寶劍鋒自磨礪出，梅花香自苦寒來。（對聯）
4. 生命的紅酒永遠榨自破碎的葡萄，生命的甜汁永遠來自壓乾的蔗莖。（張曉風《曉風散文集‧初綻的詩篇》）

5. 是鳳凰，不怕火燎；是晶鑽，不怕刀磨。（簡媜《微
暈的樹林·灰爐裡的真愛密碼》）

苦難像是磨刀石，要把你磨亮，不是要把你磨碎。生命的成長，在於
化「打擊」為「撞擊」，由「任性」轉向「韌性」。就以上五例「同
義手段」加以比較，可以明顯看出第一例已屬老生常談，耳熟能詳。
第二、三例藉由「梅花」、「寶劍」的借喻，已成經典名句。逮及第
四例，則為高明的轉化。由「紅酒」、「葡萄」、「甜汁」、「蔗莖」相
同關係的類比，造出新穎有力的佳句，對照輝映，展現靈活新穎的創
造力，確實振奮人心。至於第五例，亦藉由「鳳凰」、「火燎」、「晶
鑽」、「刀磨」的兩組譬喻，揭示接受考驗的貞定與無懼，展現鐵錚
錚英雄超人的膽識與期許。

（二）仿寫

　　名言佳句是「抽象概念的意象化」，藉由類比、變通，可以聯類
無窮，翻新生色。以「當命運遞給我們一顆檸檬時，讓我們設法榨出
一杯檸檬汁」為例，王鼎鈞《葡萄成熟了·未晚隨筆》中指出：

　　　　這就是修改結局，推而廣之，命運給我們一顆球根，我們
　　　　使它成為一粒種子；命運給我們一堆落葉，我們使它成為
　　　　肥料；命運讓我們做破銅爛鐵，我們偏要化為一件古董。

文中將西諺佳句「推而廣之」，舉一隅而三隅反。可見藉由「仿寫」
適可展現高度的靈動多樣。如：

1. 當命運賜給我們一片荒野時，我們要成為展翅高飛的

老鷹。

2. 當命運下太陽雨時，我們要在天空搭起一座彩虹。

3. 當命運在我們嘴裡放進沙時，我們要把它含成一顆顆明珠。（沈香）

分別將「命運」擬人，藉由情境的類比，激發主體的正向開展，堅持向上的理念，開低走高，先抑後揚，終入佳境，創造生命的悲喜劇，以此不同情境的形塑與連續開展，正是創造力中「有效反應」的變通與擴充。

其次，以「話多不如話少，話少不如話好」為例，可以仿其形式（層遞），由仿而創，展現思維的精進力。如：

1. 吃多不如吃少，吃少不如吃巧。

2. 富貴不如權貴，權貴不如理貴。

3. 命好不如運好，運好不如心好。

4. 等待機會，不如把握機會；把握機會，不如創造機會。（諺語）

第一例是生活飲食的美學，畢竟「吃得飽不如吃得好，吃得好不如吃得健康」。第二例指出做事的原則，依理不依富、權；有理走遍天下，富貴、權貴，終究如過眼雲煙。第三例揭示做人的原則，種因種果，不如種福田；修屋修方位，不如修心。至於第四例，強調主動出擊，當機會不來，應「山不轉路轉，路不轉人轉，人不轉心轉」，尋找新的契機，化不可能為可能，創造新的奇蹟。似此，均為遞升的比較推論，展現「有效反應」的精密與深入。

（三）續寫

　　續寫雖不在十四種題型內，但藉由名言佳句的引導，可以訓練莘莘學子的縱向或橫向思維。尤其在「點、線」的觸動中，可以透過不同的銜接或並列，展現時間或空間上的延伸、精進。如：

1. 痛苦使人沉思，沉思使人智慧。
2. 活到老，學到老。
3. 手連手，心連心，泥土變黃金。

就此三例而言，順著前賢的理路，可以拓植演繹，續寫出不同的思維視角，形成更有意思的對話。如：

1. 痛苦使人沉思，沉思使人智慧，智慧使人對生活比較易於忍受。（周夢蝶）
2. 活到老，學到老，一事不學，拙到老。（諺語）
3. 手連手，心連心，垃圾變黃金，黃金變愛心，愛心變清流，清流繞地球。（慈濟）

第一例中「智慧使人對生活比較易於忍受」，無疑將孟子所謂「動心忍性，增益其所不能」，做了更言淺意顯的詮釋，第二例中「一事不學，拙到老」，藉由逆向思考，在在強調「終身學習」的真諦，指出「學習是一生的承諾」。第三例中由「垃圾變黃金」出發，化資源回收為涓涓愛心，藉由遞進思考，由小而大，由近而遠，涓滴成河，自成「將世紀冰河踏成暖流」的人間大愛。

（四）擴寫

　　運用名言佳句，並非讓作文變成「漂亮話頭的拼湊場」，賣弄學問；而是變成「言淺意深的精品店」，展開有體會、有闡釋、充滿活力的清新書寫。以「失敗為成功之母」為例，直指「經驗是愚者之師」（Experience is the teacher of fools.）、「經驗是智慧之母」（Experience is the mother of wisdom.），而在現代作家的筆下，各有深刻體會，精采闡釋，可視為名言佳句的「擴寫」（猶如「賞析」）：

1.　像他們這樣在失敗中求取成功的人，歷史上不可勝數，我們可以把這種失敗稱之為，「打在牛頓頭上的蘋果」，因為他被失敗的蘋果擊中，才碰擊出成功的火花。（林清玄《紫色菩提・失敗》）

2.　成功與失敗彷彿生命的日和夜。在白天固然陽光普照，萬象昭蘇，但在黑夜，萬千星球，森然羅列，豈不更彰顯出宇宙的莊嚴與奧妙？人在黑夜裡能反省，才能在白天裡成功，因此成功常屬於那些善處失敗的人，「失敗為成功之母」，這句話即是為這一種人而講的。不能善處失敗的人又豈能善處成功呢？（高大鵬《追尋・超越障礙的麻袋》）

3.　老生常談：失敗為成功之母。累積失敗的經驗，改正前番的缺點，開拓成功的道路，這話是教人失敗時不要氣餒。但是人生的盈虛消長，乃是剝復循環的，極盛難繼，成功後能持盈保泰，一直維持成功的果實於不墜，也不容易，許多人邁上成功的巔峰就損跌，成功常成為失敗的陷阱，所以牢記：成功是失敗之母，

　　　　　這話是教人成功後不要驕傲。(黃永武《山居功課‧
　　　成功是失敗之母》)

第一例中,藉由「打在牛頓頭上的蘋果」的比喻,指出「失敗的正面
效應」,並非純然「打擊」,而是富有挑戰性的「撞擊」,撞擊出更大
的省思,邁向更精確的修正,打造出「成功的歡笑樂章」。第二例
中,藉由「白天」與「黑夜」的運轉,類比「成功」與「失敗」的互
動變化關係。[12]善用失敗教訓者,處處是生機(「每一朵烏雲都有銀
色的鑲邊」);反之,不善處成功的人,無法驚覺「成功的負面效
應」,處處是殺機(「每一朵玫瑰都有一根刺」)。至於第三例則針對
「失敗為成功之母」,拈出「成功為失敗之母」的逆向思維,凝視「成
功的負面效應」(「亢龍有悔,盈不可久」),打破「成功」光環的迷
思,刷新一般世俗的認知,揭示「成功的陷阱」(「命運把繁華的事
物放置一個人的手中,看他下場如何悽慘」),展現思辨的精進力。
如此一來,名言佳句不只是「引用」的認同、增強論述而已,更是訓
練思維力(分析、比較、歸納、演繹、批判、綜合)的極佳觸媒,在
作文教學上,藉由「同中有異,異中有同」的相互比較,正可以培養
語感,訓練能力,激發智力,形塑情意,涵養人格。
　　可見名言佳句除了「消極」的引用外,更可「積極」的仿寫、擴
寫、激發書寫的創思,借力使力;也可以「清詞麗句必為鄰」、「凌
雲健筆意縱橫」,成為沽心煮字的高手。

---

12 有關「成功」、「失敗」的譬喻寫作,另可參考張春榮《作文新饗宴》(臺
　　北:萬卷樓,2002),頁 23-36。

# 七、結語

綜上所述，可自名言佳句的同義比較、運用向度、題型設計上，加以歸納說明。

第一，就名言佳句比較而言，可以發覺相同主題的名言佳句，即是「同義手段」的競技場。藉由「同義手段」的觀摩，可以訓練莘莘學子的語感，見證語言藝術的靈活多樣；更在「同中有異」[13]中領略優質佳句的細緻與新穎。在表達力的訓練上，是極佳的進境，值得善加引導，精心設計；不僅有益於修辭教學，更有助於作文教學。

第二，名言佳句的運用向度而言，「引用」是學生「選擇」的學養，在「積學儲寶，酌理富才」中，展現取材立意的本領，彰顯獨到的理解與思辨。至於「活用」，則跨越「引用」中「化用」（黃慶萱「引用」分類）的層次，由字句而段落、篇章，讓名言佳句的種子，開出「遣詞造句」、「組織結構」的花朵，進而開出作文中「取材立意」的豐美果實。如此一來，名言佳句由「選擇」活動，邁向「組合」智能，形塑更活潑、更縝密、更精采的語言文字的探索與生命境界的探索。此即余光中〈藝術創作與間接經驗〉中所揭示：

> 古典文學更是一大寶庫，若能活用，可謂取之不竭。理想的結果，是主題與語言經過蛻變，應有現代感，不能淪為舊詩的白話翻譯，或是名言警句的集錦。若是徒知死參，古典的遺產就成了一把冥鈔，必須活用，才會變成現款。[14]

---

13 「同義手段的修辭價值就在於它們的『同』中之『異』。」王希杰《漢語修辭論》（北京：當代世界，2003），頁221。
14 余光中《從徐霞客到梵谷》（臺北：九歌，1994），頁313。

唯有充滿現代語感的活用，才是吐故納新、優質書寫的本領所在。

　　第三，就題型設計而言，名言佳句除了常用的「改寫」、「仿寫」、「續寫」、「擴寫」外，可以在給材料的前提上，設計「組合」作文，要求發揮創思，運用列出的名言佳句，寫出一篇文章；亦可提供若干名言佳句，設計「情境作文」，要求莘莘學子寫出名言佳句出現的「具體情境」或「問題情境」，當然也可以設計同一作家的一組名言佳句，設計「文章評論」，檢測莘莘學子「分析」、「比較」、「歸納」、「演繹」的思維向度。

　　綜上所述，可見名言佳句與作文教學的相互交融，始於論點佐證的「引用」，終於「活用」的積極書寫，借力使力，值得有志之士，層樓更上，再加研發；進而戛然獨造，寫出自自己的名言佳句，直指創作的天空。

## ● ● 同異詞與作文

### 一、前　言

　　作文是「知識、能力、態度」的具體呈現，映射「個人經驗反思」的意義書寫，充滿活力的語言建構，直指生命境界的追尋。因此，就作文的「認知領域」而言，好的作文，立足於「知識」的正確，發皇於「見識」的深刻。而所謂的「見識」，正是 Bloom 認知教育目標中「理解、應用、分析、綜合、評鑑」（1956），亦即「了解、應用、分析、評鑑、創造」（2001 修訂版）歷程向度的整體呈現。經由「理解、應用」的知識，「分析、綜合、評鑑、創造」中能力與態度的組合，形成感知、感染、感悟的表情達意，綻放優質豐美的語文智能。而藉由「同異詞」的運用，正足以檢視學生作文的高表現、中表現、低表現。

### 二、同異詞

　　同異詞是「同中有異，異中有同」的語詞，與「近義詞」形成交集，並非「同義詞」。譚永祥特別將「把字數相等，字面同中有異、異中有同的兩個以上的詞語，用在一個語言片段裡，同異對比，前後映照」稱為「同異」修辭格。[1]論及同異詞的分類，大抵如下：

（一）以複詞為例，可分：

　　1.　第一字同，第二字異。

---

1　譚永祥《現代修辭學》（北京：北京語言學院，1992），頁 159。

「如果、如此」、「鷹眼、鷹架」、「嫁人、嫁禍」、「寂寞、寂靜」、「自由、自私」、「心眼、心花」、「表面、表現」、「髮網、髮妻」、「學歷、學問」、「智力、智慧」、「順眼、順耳」、「畫皮、畫骨」、「春雷、春朝」、「無常、無欲」等。

2. 第一字異，第二字同。

「快感、美感」、「體格、人格」、「政治、法治」、「視窗、天窗」、「拼湊、緊湊」、「雲端、極端」、「人生、眾生」、「久別、暫別」、「出家、回家」、「朝氣、嬌氣」、「無明、文明」、「浮華、昇華」、「圖式、模式」、「打擊、撞擊」等。

（二）以短語為例，可分：

1. 字數相同，有一字相異。

「捨不得、求不得」、「看對方、看前方」、「小紅莓、小紅番」、「珍珠港、珍珠丸」、「拉皮條、拉皮帶」、「高血壓、高氣壓」、「三十而立、三十而已」、「走桃花運、走菊花運」、「天真得可以、天真得可恥」、「太王四神記、太王四神湯」等。

2. 字數不同，有一字相異。

「吃螺絲、吃螺絲釘」、「十三姨、十三點姨」、「宅男女神、宅男女神經」、「大而化之、大而腐化之」、「我說的就算、我說的就算了」、「一家都是人、一家都是人渣」等。

似此同異詞，運用於字句修辭（又稱「同異格」），最能形成風

雷灌耳的金句，暮鼓醒心的警句。如：

1. 天才，就是放對地方的人才。蠢材，就是放錯地方的
   人才。
2. 工程只能讓城市變大，文化才能讓城市變偉大。

第一例藉由「天才」、「人才」、「蠢材」的映襯，分析比較其中關鍵，
在於「位置」（「地利」、「得其所」），在於能否發光發熱，適切發揮。
第二例藉由「變大」、「變偉大」的一字之差，指出硬體是城市的門
面，軟體才是城市的靈魂；高樓大廈是技術性的擴充，文化創意才是
藝術性的永恆魅力。凡此佳句，無不用語極淺，用意極深；展現鞭辟
入裡的音義之美。因此，駱小所指出「同異詞」的修辭作用有二：一
能反映事物內在的聯繫；二能通過對比和映襯，指示事物的本質，使
所要強調的意思更加突出。[2] 成偉均等則將駱小所言，合併在「語意
突出」一項，並增添「使語言新穎、優美」的修辭效果[3]：

1. 使語意突出。
   利用獨特的語言形式，構成表達內容的對比、映襯、
   層遞等關係，深刻揭示事物之間的內在聯繫，反映事
   物的發展變化，從而使語意突出、鮮明。
2. 使語句新穎、優美。
   同異詞借助於整齊的結構、特殊的音響，形成新穎的
   語言形式，顯現出整齊、變化、聯繫等美感，給人深

---

2　駱小所《現代修辭學》（昆明：雲南人民，1994），頁233。
3　成偉均等主編《修辭通鑑》（臺北：建宏，1996），頁809。

　　　　刻的印象。

可見同異詞，藉由「異中有同」的類字，重出，增強字句的音樂性；藉由「同中有異」的「映襯」差異，開拓字句的意義性；在在活用「變化中有統一」、「統一中有變化」的美學原則，形塑音義皆美的語言藝術，當為作文書寫時極佳的利器，不容小覷。事實上，「同中求異」、「異中求同」的觀察，統一中的差異越大，內涵情趣就越深，越能引人欣賞驚視。似此由細密觀察邁向比較思維，正是文學創作的進路。

## 三、同異詞運用的第一層次

　　同異詞在作文中的運用，首重「理解」的正確，「應用」的精準；避免「誤把馮京當馬涼」，避免「差之毫釐，謬以千里」的貽笑大方，講究遣詞造句的適切、精準。如：

1. 三載同窗，大伙感情甚篤，打成一團。
2. 對她的思念，念念千流，魂牽夢遺。
3. 諸葛亮談笑用兵，羽扇綸巾，英姿勃起。
4. 哭吧！人是需要排洩的，哭過就好。
5. 她麗質天生，皮膚白皙，吹彈即破。

第一例中「打成一團」是指感情不好，應改為「打成一片」才是正確。第二例中「魂牽夢遺」是生理行為，應改為「魂牽夢縈」，才是一往情深的思念。第三例中「英姿勃起」是生理反應，宜改為「英姿勃發」，才是器宇軒昂的瀟灑。第四例中流淚痛哭，是情緒的「發

洩」，並非物體的「排洩」。第五例中「吹彈即破」則成玻璃娃娃，宜改為「吹彈可破」才是白細皮膚的誇飾。凡此，即遣詞造句的基本功，正所謂「句之精英，字不妄也。」（劉勰《文心雕龍・章句》）只有精準用字，嚴謹遣詞，才能「講清楚，說明白」，寫出通順合理的句子。

由上觀之，可見理解同異詞的語意，拿捏語意的分寸，深知「異己」不等於「異端」、「價格」不等於「價值」、「安定」不等於「安靜」、「溫柔」不等於「溫吞」、辨析「容忍」與「隱忍」不同、「冷靜」與「冷漠」不同，必能掌握遣詞用字的精準，真正發揮語文工具的適切規範。

## 四、同異詞運用的第二層次

同異詞在作文中的運用，次重「分析」的精確，「綜合」的會通。自同中求異處，分析比較，深刻敘述；自異中求同處，綜合統攝，拈出高見。

（一）精準分析

所謂精準的分析，即燭幽顯微，剖述同異詞的關係，揭示其中差別所在。如：

1. 人生「需要」的不多，「想要」的很多。（聖嚴法師）
2. 人生沒有「如果」，只有「如此」。（吳淡如）
3. 生命是當你是「禿子」時，給你一把「梳子」。（西諺）
4. 政治人物往往換了「位子」，就換了「腦子」。（報紙

標題）

5.　與其「生氣」，不如「爭氣」。（趙寧）

分別藉由淺顯語詞的比較，剖析觀念上的「迷失」、「盲點」，進而呈現「清明」、「透視」的精采。第一例指出人多非分貪想，貪多務得。事實上，「想要」的往往「不必要」，並非真正「需要」。第二例指出人生並非雲端綺夢，而是眼前泥沼；沒有「如果」，只有「結果」。只有面對問題，解決問題，才是良策。畢竟「不要羨慕天邊的彩霞，而忘卻了腳下的玫瑰」。第三例指出人生往往事與願違。童山濯濯時，需要的是生髮劑或一頂假髮，而非無濟於事的梳子。第四例指出有的政治人物未能堅持理想，言行如一。每每今日是民主的鬥士，追求真理；明日入閣當官，則官官相護，不問是非。第五例指出最佳的情緒管理，在於能「善用」、「轉化」。縱然「生氣容易爭氣難」（隱地《心的掙扎‧心中有愛》），但「氣度決定高度」，與其浪費精力空轉，何不戴上黃色思考帽，用實力說話，用漂亮的成績證明，積極向上。凡似此分析比較，最能釐清習焉未察的癥結，撥雲見日，深入淺出，使人茅塞頓開。

（二）綜合會通

所謂綜合會通，即於總攬全局，爬梳同異詞間的發展，勾勒其中脈絡照見前後的關聯、變化。如：

1.　相見爭如不見，多情還似無情。（司馬光〈西江月〉）

2.　主客忽然換位，說是人生無常，卻也是人生之常。
（余光中《記憶像鐵軌一樣長‧送思果》）

3.　我們都住在借來的空間裡，並且活著，活在借來的時

間裡。（楊牧《亭午之鷹・在借來的空間裡》）

4. 進化論使人心硬，輪迴說使人心軟。（王鼎鈞《隨緣破密・鳥兒、蟲兒、人兒》）

5. 生命並不特別垂青於你，也不特別垂涎於你。（秋實〈語錄〉）

分別藉由淺顯語詞的平行、發展、覺察同異概念的推移、變化，洞見情理的深層內蘊。第一例指出「多情」、「無情」間表裡不一的微妙關係，往往是「你的裝作無情正是你的多情」（梁遇春《梁遇春散文集・苦笑》），形成「無情的多情」（冷若冰霜，心如熱火）的複雜變化。這樣的慨嘆，分明是「多情卻似總無情，唯覺樽前笑不成」（杜牧〈贈別〉）的異代迴旋曲，跨越今古。第二例指出「無常」、「常」相反相成的悖論。自其變者而觀之，自動態關係觀之；人生是「正常的無常」、「不易的變易」。只有「視正常為無常」的水淨沙明，只有「視無常為正常」的天寬地闊，才能真正喝出「友情釀的酒」的全幅滋味。第三例指出「空間」、「時間」的依存關係，人既是「寄蜉蝣於天地」，亦是「觀古今於須臾」，一切都只不過廣宇悠宙中驛站的來去過客。所謂「天地者萬物之逆旅，光陰者百代之過客」（李白〈春夜宴桃李園序〉），正是古今知識份子的共識。第四例指出「心硬」、「心軟」的兩種理論根據。進化論注重科技，一切向前看；輪迴說注重人性（心理自衛機轉），一切向因果看。兩者之間，如何讓科技與人性接軌，心硬與心軟協調，則需要更真摯與更寬朗的對話。第五例指出「垂青」、「垂涎」是生命的雙面夏娃。生命並沒有特別對你好，也沒有特別對你壞。生命是一刀帶雙刃，既充滿生機，同時也充滿殺機；任何情境都沒有你想像中那麼好，也沒有你想像中那麼壞。端視你如何善用「禍福相倚」、「得失相伴」的智慧，綻放奕奕溫暖的人

性光輝。凡此「對立而統一」的綜合會通，凝視其中辯證性（正反合）的開展變化，呈現思維的高度。

事實上，藉由同異詞的「分析」與「綜合」，可以展現認知上的見微知著，義正辭嚴。諸如：「可以近視，不可以短視」、「可以孤高，不可以孤立」、「重回自然，找回自己」、「心靈改革，不可變成心『零』改革」等，無不先反後正，先遮後表，提出正解，形成醒豁警句。至如：「愛上該愛的人，叫親情；愛上不該愛的人，叫激情」、「每個人都有兩『億』：回憶和失憶」、「生命的殘缺，原是生命的不可或缺」、「沒有理想的情人，只有逐漸變理想的情人」，在對立、映襯中，展現更精細更深層的透視，最是同異詞在字句修辭的精采所在。

## 五、同異詞運用的第三層次

同異詞在作文中的運用，即在取材立意上。特重篇章主旨的辨析與開展，形成「立意鮮明」的脈絡，往往藉由「關鍵字」（文眼）的聚焦，各段「關鍵字」的差異，「同異詞」的對照比較，抽絲剝繭，層層推衍，展現縱深敘述，呈現「理顯意豁」的意義書寫。

茲以作文題目〈助人為快樂之本〉為例，可以分辨：

1. 真正的快樂是「擁有」或「享有」？「自由自私的靈魂」把快樂建築在自己的身上，是小圈圈的「擁有」；而「無限無私的喜悅」把快樂建築在別人的快樂上，是大圈圈的「享有」。

2. 「助人為快樂之本」是美好的理念，「助人快樂為快樂之本」才是美好的實踐，「幫忙」要真正「幫到」，

　　　　能幫到別人破涕為笑，轉憂為喜，才是真正的完成，
　　　　才是真正的「獨樂樂不如眾樂樂」。

如此一來，分辨助人的「認知」（個體的擁有快樂、群體的享有快樂）、覺察助人的「應然」（助人為快樂之本）、「實然」（助人「快樂」為快樂之本），才能淪肌浹髓，此即中西名言佳句所云：「花給蜂柔情蜜意，自己笑得更燦爛！」「快樂助人有如香水，向人灑得多，自己必也沾上幾滴！」當此之際，「施比受更為有福」的共識，才有貼切、更深刻的內蘊。其次，以〈對人生的看法〉為題，可以分辨：

1. 人生滋味是「痛苦」、「甜蜜」？或是「痛苦的甜蜜」、「甜蜜的痛苦」？

2. 對人生的態度應「積極」、「消極」？亦或是「積極的消極」、「消極的積極」？採取「盡人事，聽天命」的態度？

3. 對人生應「樂觀」、「悲觀」？抑或笑中帶淚，「樂觀中有悲觀」、淚中帶笑，「悲觀中有樂觀」，直指「達觀」的更高境界？

如此一來，掌握「正」、「反」、「合」的思辯，由「二元的對立」至「對立的統一」可以演繹出更精緻更宏觀的體認。「盡人事」的部分要「積極」進取，「聽天命」的部分要「消極」坦然。在「過程」的部分要「樂觀」，一切操之在我；在「結尾」的部分宜欣然面對，不必杞人憂天，太過「悲觀」。畢竟人生的意義，在於「過程」的發光發熱，不在「結尾」的有得有失，更不在「人死」（「城外土饅頭，一人分一個」）的必然「結局」。持平而論，大凡人生的意義，絕非

任性的「消極」，而是充滿韌性的「積極」，絕非「封閉性」的自我放棄，而是「創造性」的自我開發；進而由充滿「毅力」的積極，走向充滿「定力」的從容忙碌，猛志精進，但求無愧於心，鞠躬盡瘁，不枉此生。

## 六、結　語

　　綜上所述，可見作文是始於「文字的探索」，終於「生命境界的探索」。作文的認知，是始於「知識」、「記憶」的「理解」、「應用」，辨認真實；發皇於「見識」的「應用」、「分析」、「綜合」、「創造」，獨具慧眼；進而走向情意的「內省智能」（人與自己）、「人際智能」（人與社會）、「存在智能」（人與自然）的新發現與再體悟。

　　由此可見，透過「同異詞」的正確、辨析、會通，掌握語詞的精準（「講得對，說得通」），發揮造句的簡潔有力（「講得好，說得妙」），展現篇章思維的清晰深度（「講得清，說得透」），當為基測作文中邁向「取材立意」、「遣詞造句」中高表現（第六級）的極佳利器。

參　題型篇

## ●● 賞析

### 題目一　如果我有一座新冰箱　（大考中心公布範例之一）

　　低調奢華的香檳金色、冷硬的線條、挺拔的身材，我們家的冰箱很高級，高級的微波食品、高級的罐裝水，面板上貼著各式高級便當的外送電話，我們家的冰箱，沒有溫度。

　　五歲以前，那時母親還在家，每天從幼稚園放學回家，都能看見母親在廚房忙進忙出的身影。我坐在電視機前，看著冰箱門開開闔闔，看著一樣樣食材被母親摺疊成一道道料理，等晚餐就緒了，父親也差不多下班回家了，我們便大快朵頤母親的愛，那是我這輩子離幸福最近的時刻，是我再也嚐不到的快樂。後來，父親和母親之間，彷彿又剩爭執，父親下班的時間越來越晚，餐桌上的料理從五菜一湯開始慢慢減少，到最後，時常又只有我和母親一起吃一盤簡單的炒飯，父親以工作繁忙為由，總是在外解決他的晚餐。那陣子，我每每打開冰箱，迎接我的都只有一兩把青菜、幾顆蛋和昨夜我和母親吃剩的冷飯。我知道母親已失去做飯的魔法了。這樣的光景持續了一年多，他們在我七歲時，協議離了婚。

　　如果我有一座冰箱，我希望他會是粉紅色的，我要把母親的眼淚存進製冰槽，加進父親每天早晨的咖啡裡，還要把父親的疲倦混進蛋液裡，煎成母親最喜歡的玉子燒。如果我有一座新冰箱，我要把五歲以前的時光冷藏，這樣

的話，難過的時候，我的思念便有處安放了。如果我有一座新冰箱，我要它擁有最大的容量，吞進父母親的爭執，咀嚼我的傷心，冰鎮我的疼痛，吐出我曾經幸福的家庭。

「嗶！嗶！」微波爐熱烈震動，晚餐準備好了，可是，父親還沒有回家，可是，母親的淚水還沒有流完呀。新冰箱你什麼時候會來呢？豆大的淚珠掉進微波的義大利麵，我早已食不下嚥。

## 賞析

一、就取材立意而言，本篇取材特殊經驗，寫椎心糾結之情。首段聚焦家中的冰箱，很高級，卻冷冷地矗立在那裡，冰箱上貼滿叫外賣的電話。第二段帶入五歲前母親在家時，冰箱前熱鬧的場景，五菜一湯上桌，全家用餐的幸福時光，卻在一年後走樣了，父母離婚了。第三段對新冰箱提出三種情境的期許，期待新冰箱能施展幸福的溫馨魔法，不再是現在冷冷清清的模樣，再現昔日一家三口的快樂時光。結尾拉回現實，自己獨自微波義大利麵，念及形單影隻的情景，父母的復合似乎遙遙無期，不覺悲從中來。全篇讀來不勝唏噓，情真意切，寫出單親家庭小孩的深沉呼喚，令人心有戚戚焉。

二、就組織結構而言，本篇以「今昔今」（第一段、第二段、第四段）為主軸，並由實而虛（第三段），寫出人子殷切的思念與期盼。第三段為全篇最精采所在，虛擬實境，訴說新冰箱的神奇功能，可以儲存眼淚、疲倦，讓父親有最愛飲料，母親最愛玉子燒；冷藏思念，前來安放；進而吞進種種不愉快，吐出五歲時的幸福時光。第三段的「虛」寫，非常不容易，相當傳神，相當深刻，不是「過來人」親身經驗，應寫不出來。

三、就遣詞造句而言，本篇善用對比，舊冰箱香檳金，新冰箱粉

紅；舊冰箱奢華，卻沒溫度；新冰箱有溫度，更有可寄託的魔法功能。其次，善於細節描寫，如隨著父親的爭執，五菜一湯變成一盤簡單炒飯；寫出母親沒有心情再花心思；又如打開冰箱，只有一兩把青菜，幾顆蛋、剩飯，正是家中失溫的寫照，沒有活力，奄奄一息。最後，作者善用轉化（抽象概念的形象化）。諸如「吞進父母親的爭執，咀嚼我的傷心，冰鎮我的疼痛，吐出我曾經幸福的家庭。」發揮動詞的新感性，是轉化的手法。

　　不可諱言，在考場上看到這樣的作文，直呼「想不到」，考生能夠在爭分奪秒的時間壓力下，不急不徐揮灑切身經驗，深刻描寫場景；同時「虛擬示現」，寫出人子的孺慕之思與心中渴盼，確實令人動容。此篇是由作文邁向創作的佳例，值得殷切期待。

## 題目二　浴火重生──《與神同行》觀後感　　　　筆者

　　《與神同行》（*Along with the Gods: The Two Worlds*）是二〇一七年上映的韓國奇幻大片，叫好又叫座。劇情主要敘述消防員金自鴻在一場大火中因搶救一位小女孩而意外喪生，死後由三位使者護送，前往地獄接受七大閻王審判。電影生動呈現人死雖如燈滅，但不滅的是人生果報，出來玩總是要還，每個人要自負因果，如是因、如是果，環環相扣，形成縱深景深的「功過圖」、「業障臺」，到地獄一一檢視，無所遁隱。

　　消防員金自鴻的「浴火」，燒出他人生的窘窿。「殺人」、「怠惰」、「說謊」、「不義」、「背叛」、「暴力」、「天倫」七層地獄的控訴，都是表面，其中更有曲折揪心的真實，折射他的同情心、同理心與懺悔心；原來只有自人心

深處流出來的眼淚，才能洗滌自己，才能流向母親，流向
觀眾的人心深處。

　　人生只有「真」才能「深」。路遙，知馬力夠不夠力；
日久，見人心是不是真心。金自鴻兩難抉擇的「怠惰」、
善意的「說謊」、情緒的「暴力」、想用枕頭悶死母親的
「天倫」悲歌，再加上弟弟金秀鍾擦槍走火蒙受的「不
義」、長官硬是活埋的「背叛」，交織出人性的複雜真實；
而只有在「人心惟危，道心惟微」鏡照下，有陽光有陰
影，湧現更深沉的黑霧，也湧現更深刻更痛徹心扉的悔
悟。

　　片中經典臺詞，第一句是「不要到死了，才想去做活
著就應該做到的事。」在在印證「不到黃泉心不死，到了
黃泉悔已遲。」的領悟。為人處世真的不能「怠惰」，不
能找藉口；需知三不五時，該做的事要及時，及時才有溫
度，才有效度。尤其善心不能省，行善不能等，挽起袖子
做事，才是充實的人生。第二句是「不要為過去的事，浪
費新的眼淚。」強調向左走，向右走，反正向前走；不要
讓今天的酒杯，裝著昨日的傷悲。昨天是冥紙，今天是現
金；生命應該善用在美好的事務上，善用在眼前有意義的
事上；走一步，算一步，才能越走越進步。

　　整部片的高潮，在於金自鴻曾意圖悶死母親的懺悔。
貧窮家庭百事哀，年輕的金自鴻身為長子，一度認為「自
己沒有比想像中堅強」，肩上擔子扛不下去，想一了百
了，問題是「自己也沒有比想像中脆弱」，再怎麼艱難的
生活，後來關關難過關關過，再不好過也都過了。然而當
年的一念之惡，企圖弒母惡行，有必要真心面對，真心懺

悔，獲得母親的寬容、原諒。直心是道場。金自鴻雖「其
情可憫」，但其罪難逃，錯就是錯，沒有任何藉口。一定
要真心懺悔，坦然徹悟，全然改正，絕不再犯，永不貳
過。惠能大師《六祖壇經》中指出：「前罪不滅，後過又
生；前罪既不滅，後過復又生，何名懺悔？」金自鴻若至
死，未能真心懺悔，加害者未能尋求受害者的原諒，痛哭
失聲跪在母親前懺過悔罪；則此惡未消，此罪未除，則成
惡魔的糾纏堆疊，將無法在母親柔軟慈祥的點頭撫慰中投
胎轉世，墜入三惡道，一再沉淪，永無盡頭。

片中兩位帥氣使者江林公子、解怨脈，一掃傳說黑
白無常恐怖形象，再加上稚氣使者李德春，共構
七七四十九天中「人性化」的導航；挽狂瀾於既倒；障百
川而東迴，讓金自鴻、金秀鍾各自的「溝而不通」，在懺
悔、寬恕中洗滌淨化，這三位使者成為他們一家三口的
「貴人」。

看完《與神同行》，震撼於地獄特效場景，震撼於因
果的盤根錯節，更有感於一家人，要與「真」同行，與
「善」同行，同行而同心；我們與「惡」的距離。就是我
們與「地獄」的距離。冤家宜解不宜結，有心結一定要化
解，不要留到地獄審判，回頭是「暗」。而這樣的影片，
也一再強調「死亡並不可怕，可怕是死在遺憾裡」，傷害
愛你的人。面對死亡，只有勇於認錯，勇於改過，真心懺
悔，才能用淚水洗滌心中暗黑陰影，重啟一線光明契機，
回頭是岸，站在岸上，洗心革面，重新踏上來生的另一段
旅程。

## 賞析

一、有關電影賞析，最簡單的方式，可以自「人物」、「情節」、「場景」三要素切入。「人物」見其衝突、抉擇、解決、超越；「情節」見其開高走低或開低走高，一波三折，多層變化。「場景」見其意象、象徵，在前呼後應中探討導演的弦外之音，豐富內蘊。

二、本篇觀後感，夾敘夾議，首先聚焦消防員金自鴻的地獄之行，檢視其一生的功過。他最大的罪過，在窮到前胸貼後背，幾乎活不下去時，想悶死痲瘓的母親。此逆倫之罪，弒母之心，禽獸不如，天地不容。唯有真心懺悔，獲得母親原諒，才能消除罪孽，免墜三惡道，永世沉淪。現代很多人都沒有「今生來世」的觀念，認為今生胡作非為，馳感官之娛，騁悖道之行，甚而傷及無辜，完全不在乎。殊不知因緣果報，累世糾纏，「出來玩，總是要還」。似此冥頑不靈，只有到臨終「與死神同行」時，才能深切體悟。

三、攸關他弟弟金秀鍾硬是被活埋，變為厲鬼，完全出自班長的「私心」，怕影響自己榮退，遂昧著良心，做出令人髮指的活埋慘案，可以看出「一念之善，上天堂；一念之私，下地獄」。班長此舉，喪心病狂，謀害金秀鍾，也傷了金秀鍾母親的心，日日去軍營前抗議；同時也陷參與整個事件的下士，一輩子良心不安，難以安眠，忽忽如狂，無法原諒自己槍枝走火，誤殺金秀鍾。

四、一部電影的主題，可以自片中經典臺詞加以掌握。人物口中的經典臺詞，是內心的感悟，因此，《與神同行》中的兩句經典臺詞：「不要到死了，才想著去做活著就應該做到的事。」、「不要為過去的事，浪費新的眼淚。」這些話，在其他電影中似乎也出現過，但配合劇情，這兩句特別震撼人心。第一句就是長輩、法師一再耳提面命的「行孝不能等，行善不能等。」第二句則強調當下即是。做錯

了，沒有閃躲的理由，就該勇於認錯，猛於改過，不要讓心頭蒙上陰影，延伸至今，無法釋放。只有勇於面對，才能解決問題；逃避問題，只有製造問題。

　　五、一部好電影的內涵，深刻豐富。值今素養年代，教師可自「生命教育」、「品德教育」、「親子教育」、「生死教育」等議題上，加以引導啟發。

# 看圖作文

題目一

**說明**：題目自擬，兩百字以上。

## 奔跑吧！青松　　　　貝克松

　　陽光正好，一地金黃，一地綠蔭。公園踏青，沒有哪隻狗不喜歡？載奔載欣，活力四射。

　　「久在樊籠裡，復得返自然」，迎著清風，聞著草香，聽著鳥啼，「青松」好輕鬆，放開腿奔跑，飛躍向前衝。蓋帽的耳朵飛揚成小翅膀，搧熱的小舌笑開懷，澎澎

前腳像兩隻白毛撢子，真是元氣淋漓，活力四射，連主人都感染我飛奔的快樂，在前方看得笑呵呵。

對嘛！做人做狗都要「青松」，若無閒事掛心頭，公園兜兜風，好輕鬆。

## 評析

此篇拍攝於大安森林公園生態區旁樹林區。看圖作文，可以自外聚焦第三人稱加以敘述，也可以自內聚焦第一人稱加以描繪。本篇完全採第一人稱擬人觀點，直接呈現「青松」的快樂心境。

通篇善用「青松」名字的雙關，做人做狗就是要輕輕鬆鬆，簡簡單單，公園兜兜風，嘴角向上彎，走在陽光樹陰裡，就很快樂。何必整天垮著臉，鬱鬱寡歡，眉間壓著烏雲。

由於題目標為「奔跑吧！青松」，要表達奔跑的節奏，輕快的感覺，文中多用四字短句，靈動活潑。若多用長句，則效果較不佳。

## 題目二

1. ☐

2. ☐ ☐

3. ☐ ☐ ☐（上一下二）

4. ☐ ☐ ☐ ☐（上二下二）

**說明：**根據以上四組方形圖，加以聯想，寫一篇短文，五百字以

上。注意，次序不可更動。

## 方形聯想　　　　　　筆者

　　一個方是一個口。一個人說話要有邊，一橫一豎都要有理，才能贏得別人敬重，所謂：「有理走遍天下，無理寸步難行。」絕對不能信口開河，講話沒邊，口無遮攔，胡天胡地，到頭來，往往禍從口出。所謂「是非多因常出口」，何必召禍門，徒惹殺機？

　　二個方可以構成一個日。一個人心中要擁有太陽。所謂「良言一句三春暖，惡語傷人六月寒。」要講好話，做好事；要做冬天的太陽，照亮嚴寒的四周，給人溫暖，把世紀的冰河踏成暖流；千萬不要變成夏天的太陽，烈日當空，酷熱難擋，把人曬傷，則是「好心做壞事」，反成不美。

　　三個方組成一個品。一個人做事要有格調，要有品味。真心待人，言行一致，誠信立身，情義處世，絕不「人前手牽手，背後下毒手。」拒絕「官字兩個口，吃人不吐骨頭。」凡事講究大是大非，道義擺中間，堅持「正其誼不謀其利」，風骨凜然。

　　四個方合成一個田。一個人要種愛心，要種善的種子，關心自己，也關心別人；照顧自己，也照顧別人；拓植心田，讓愛心芬芳，讓善行綿長，增福增慧；不讓心田荒蕪，跳脫畫地自限，讓自己有更寬廣的格局，讓人間有更美好的結局。

## 評析

　　一、方形可以想到：框、出口、窗戶、郵票、積木、豆腐、土司、蘇打餅、珠寶盒、桌子、電腦螢幕、方形按鍵、相片、卡片、行李箱、車箱、方形臉等。而本篇看圖的重點，在於四組方形，形成「層遞」關係，並非不相干的「平行」並列。

　　二、通篇在取材立意上，由「字形」出發，首段指出人常「禍從口出」、「病從口入」，人們常不管住自己這張嘴，信口雌黃，言不及義，口水滿天飛。第二段自「日」上加以衍生，需知「口說一句好話，如添一道陽光；口說一句壞話，如植一片荊棘。」所以千萬要「存好心，說好話，做好事。」與其咀咒黑暗，不如點亮一根蠟燭。尤其當陽光缺席時，讓自己變成陽光。第三段自「品」上再加擴大。要做個「有品」的善男子善女子，拒絕做「沒品」的嗜利之徒。「沒品」的人，道義放兩旁，利字擺中間，只談利益，不談公益；與「有品」旳人追求意義，追求價值，追求行善，追求大愛，迥然不同。第四段自「田」上總結，要耕耘自己福田，「真、善、美、慧」，生機無限。讓自己心田水淨沙明，向下扎根，向上延伸。深知學會照顧自己叫成長，能夠照顧別人叫成熟，進而照顧多數人叫成就。讓一顆心光明開敞，透亮透亮，深耕廣拓；植樹成林，愛心成清流，給人歡喜，給人方便，給人信心，給人希望。這樣的心田，是種福田，慈悲柔軟，曖曖含光，做更好的自己，做最好的自己。

## ●●● 片段作文

### 題目一

以下四組擬人：

（一）魚會對水感恩，當它遇到火。

（二）杯子以為自己最大，直到碰到碟子。

（三）人們想念海洋，供奉貝殼，海洋嚮往無限，供奉天空。

（四）一枝草對一枝草說：「明天我們就要成年了。」割草機呼嘯而過。

**說明**：你最欣賞哪一組？請加以賞析，說明理由。一百字以上。

1. 魚在水中渾然不自覺，等到離開水，等到遇見火，危急存亡之秋，體無完膚之際，才知水的可貴。這裡的「感恩」，除了「道謝」水的恩典外，包括「道歉」，抱歉自己「魚在水中不知福」，當時太無知，太不懂事。（筆者）

2. 以自我為中心，「杯子」貢高我慢，真的認為「天大，地大，我最大」。直到遇見托起自己的「碟子」，才知「一山還有一山高」。設若「杯子」能謙虛，謙沖自牧，杯子將成「慈悲」的典範；而非見到更強更大的對手，始見強中自有強手，「悲從中來」。（錦

池）

3. 想念廣闊的海洋，以貝殼為證，透過貝殼，可以示現
懸想海濤擊岸，浪花滾雪，潮音不絕於耳。海洋境界
更高，嚮往「至大無外，至小無內」的無垠，「天空」
虛空無盡，看似一無所有，卻又變化萬千，無所不
有。（秋實）

4. 前半充滿美好的期盼，後半殺機逼近。前半是天真無
知，後半是隱隱死神窺視；兩相組合，變成生命成長
的無常反諷，往往事與願違，徒呼負負。草有得罪割
草機嗎？但草的宿命就是割草機的祭品，難逃割斷肢
解的下場。這樣的擬人敘述，正提醒吾輩，在日常生
活裡，要能覺察無常，把握當下；否則意外轉折猝不
及防，每每讓人扼腕，懊悔不已。（沈香）

### 評析

第一組的主題是「感恩」，第二組是「自知」，第三組是「想
念」，第四組是「無常」。前三組出自簡媜《密密語》（臺北：洪範，
2006），第四組出自陳瑞獻《陳瑞獻寓言》（臺北：聯經，1996）。分
析出各組的主題，便可加以發揮闡釋。

就第一組而言，可以自「熟極無感」、「當擁有時不太關心，關
心時不再擁有」、「因為懂得，所以慈悲；因為無知，所以無情」、
「感恩是很不可靠的朋友」上，進一步演繹、比較、批判。

就第二組而言，可以自「井底之蛙」、「夜郎自大」、「自我的極
大化」、「不比不知道，比了嚇一跳」、「強中自有強中手，一山還有
一山高」上，加以衍生、印證、申論。

就第三組而言，可以自「看得見的，是暫時；看不見的，才是永

遠」、「天長地久終須盡，曾經擁有永無憾」、「人是靠別人的思念才存在」、「與其擁有，不如享有」上，加以剖析、闡釋。實作中第二，即有深刻的體會。

就第四組而言，可以自「處處充滿生機，也充滿殺機」、「自其變者而觀之」、「生命是一場充滿祝福的詛咒」、「試上高峰窺皓月，偶開天眼覷紅塵，可憐身是眼中人」上，加以演繹、歸納，直指「無常」中理一分殊的真諦：「無常是常」。

## 題目二

> 「我寧願你們是窮人家快樂的妻子，或受尊敬的老小姐；
> 而非皇宮的女王，生活沒有寧靜或自尊。」

**說明**：這是《小婦人》中，媽媽對女兒的期望。如果你同意，請說明理由；如果不同意，請說出為什麼。字數三百字以上。

　　看到《小婦人》中媽媽對女兒所說的這段話，我是同意的。

　　窮人家快樂的妻子，她之所以快樂，或許需要為生活打拼，但是比起那些富有卻心靈空虛的人，她的生活豐富了太多。

　　受人尊敬的老小姐就像翱翔在天際的蒼鷹，也許孤獨，但是牠絕對不輕賤自己。沒有婚姻那又如何呢？即使在這一片茫茫世界中沒有人與她永久作伴，但是她一個人也可以活出自我，不受拘束，建築自己驕傲的城堡。

　　我們所看到皇宮的女王或許高貴而矜持，但我們卻沒

看見那日復一日機械般規律的生活，也沒有看見那生活暴露在大眾監視下的戰戰兢兢。女王不能蹲在地攤前勇猛的和老闆殺價，女王不能大剌剌地躺在草地上享受和風輕拂，女王身旁永遠是鎂光燈閃爍，女王沒有寧靜，也沒有自尊。

　　我們的生活也許平凡無奇，我們的財產也許只足夠餬口，但是只要知足常樂，我們都是心靈的富者。（蘇奕心）

## 評析

　　媽媽話中的重點有三：
(1)「貧窮而快樂」，而非「貧窮而不快樂」的妻子。
(2)「受尊敬」，而非「不受尊敬」的老小姐。
(3)「有寧靜、有自尊」，而非「沒有寧靜或自尊」的女王。
換言之，對女兒的期望，結婚要有結婚的智慧，不結婚，要有不結婚的溫馨。不管有錢沒錢，一定要知足常樂，賢淑溫暖，精神上的朗暢、充實而有光輝。

　　本篇同意《小婦人》中媽媽的觀點。以「分—總」方式，歸納出「心靈的富者」才是生活中最重要的。

## 題目三

　　遺憾像什麼？

　　**說明**：先加以譬喻，再加以解析敘述。一百字以上。

1. 遺憾像什麼？遺憾像一副病痛纏身的軀體，年輕時未曾照顧，只顧拚命，早已被忽略已久，摧殘成沉痾難救；早已被忙碌忘記，折磨成可有可無；早已被病原深藏，侵蝕殆盡。現在雖有了一點世人羨慕的成就，吃得起高級人參雞精、靈芝草藥，卻補不回內臟的千瘡百孔、心頭的悔恨；曾經在年少時揮霍的英姿永不再重現，如今的億萬家產，換不回一副可以享受的健康的身體。曾經拚命賺來的財富如今輪不到自己享受，只能留給想要補償的家人和醫生了。在這舒服的高級病房中，時間一分一秒的流轉，還有什麼可以帶得走的呢？還緊緊跟隨自己在病床上等待的──只有後悔吧！等待病痛的消逝，等待軀體的停車場。（吳艷鴻，臺北市南湖國小教師）

2. 遺憾像一棟逐漸被遺忘的房子。頹廢的外觀是年久失修的痕跡；斑駁的油漆是飽嘗風雨考驗的證明；牆角密布的蜘蛛網，是人去樓空後最蓬勃的生氣；傾斜的天花板是最終順應自然的宿命；牆上地上的污漬，記載了一個個動人的故事。房子曾經是堅強、璀璨的避風港，散發溫馨、被信任的光芒，伴隨著家人成長，給予無限的安全感。但隨著時間的更迭，終究不敵歲月風雨的摧殘，然而，衰老、破舊是自然的現象，只要對房子的愛不變，依然可以藉由整建、翻新，使其重生。最怕的是人事無情的變化，任其頹廢衰老而置之不理，當一切繁華落盡、光鮮亮麗不再時，隨即物色新歡，留下不再光彩、堅固的房子，獨自默默的荒蕪，在懷想昔日的輝煌與美好中日復一日。遺憾不是

因為逐漸衰老、不再光鮮，而是不被珍惜與懷念。

（呂汶玲，桃園縣龜山鄉幸福國小教師）

3. 遺憾像一朵朵全心企盼寒冬的梅花，但不知今年是暖冬，它的花季遲遲未來。每一朵花都具有使命，為的就是在它所屬的花季，燦笑絢麗的綻放一回。它們總是那樣小心謹慎的等著、候著，小小的花苞，蘊藏著重重的冀盼，時時刻刻都不能大意，當花苞片片展開，一片一瓣都是美的姿態，那是多麼決絕卻又細膩的心，只因一生只有一次。

寒梅之所以值得等待，是因它不畏嚴寒的純粹卓絕。它不如春桃的一枝特綴亂雲霞，也不似秋菊的孤標傲世偕人隱，它僅是幽雅的帶著淡淡清香，芳潔的開放在枝頭。

寒梅從沒想過自己要獨占花之鰲頭，表節宣志，只是像每朵花一般，平凡而無求的準備著、期待著。怎知凜冬遲遲不來！依然是秋風落葉，暖意襲人。心裡的急找誰訴說？眼見最是令人怡然陶醉的花期要過了，又能求誰幫？

終有一日，從植樹人的口中明白了，原來今年是暖冬。漸漸的，心平靜了，沒有什麼是絕對的，沒有什麼是必然的，連共生共存的自然界，都會不時的與自己開玩笑，那就這樣吧！只能隨時間的流逝，遺憾著花顏已老。（王慧茱，臺北市臺北教育大學附屬國民小學教師）

## 評析

　　第一篇以「病痛纏身的軀體」為喻，詳加描繪侵蝕腐敗的不堪情境，每下愈況，一步一步走向沒有光的終點，充滿沉沉的感喟。

　　第二篇以「逐漸被遺忘的房子」為喻，述說房子在時間推移中的毀損破敗。但中間提出「只要對房子的愛不變」，老屋可以再顯風華。結尾「遺憾不是因為逐漸衰老，不再光鮮，而是不被珍惜與懷念」，點出真正遺憾不在形體，而在令人關注想念，可謂警挺有力，堪稱佳句。

　　第三篇以「企盼寒冬的梅花」為喻，一期一會，問題是花季未來，時間作弄人間，暖冬和梅花開了天大的玩笑，事與願違，只能接受命運的無奈，令梅花徒呼負負，引人慨嘆。

## 題目四

　　挫折是什麼？

**說明：**可以藉由譬喻，也可以藉由映襯發揮，二百字以上。

1.　有時想，沒有經過挫折的人生是受挫最重的人生。
　　畢竟，沒有愁雨，則沒有亮麗的彩虹，沒有山窮水盡則沒有柳暗花明的驚奇；太平坦的道路，使人昏昏欲睡，太甜膩的果汁，使人舌蕾麻木。挫折是生命的鹽，將人生這盤菜餚炒得更有滋味；挫折是善於著色的畫家，將人生這本畫冊描繪得更深刻更豐美。
　　大抵挫者，錯也；折者，哲也。凡受挫，自己一定有

錯；凡受折，一定要能明智檢查，認清癥結所在，調
整步履，重新出發。到底窮途不一定是末路，只要你
有開闢的毅力，死灰仍可復燃，只要你有新生的熱
力，必能走出「失敗為失敗之孿生兄弟」的暗黯陰
影，迎向笑容爬滿汗水的期待。

畢竟，受挫是烏雲，不折是晴日；受挫的只是經驗，
不折的卻是意志。能挫而不折，才能高處勝寒、低處
勝熱，全幅展開生命的勇銳。（筆者）

2. 挫折是魯蛇（loser）的絆腳石，溫那（winner）的墊
腳石。

弱者的挫折是哪裡跌倒，哪裡再跌倒一次；跌落谷底
就在谷底噓唏嘆氣；勇者的挫折是從哪裡跌落，從哪
裡站起來；跌落谷底，觸底反彈，向上攀爬。

挫折是成長的泥濘之路，挫而不折才是成熟的康莊大
道。挫而必折是開高走低的打擊，挫而不折才是開低
走開的撞擊，撞擊出生命的火花。

魯蛇認為挫折就是失敗，屢戰屢敗，一蹶不振；反觀
溫那認為挫折是一時的，沒有失敗，只有一時失常、
失手，屢敗屢戰，終將「含淚播種，歡笑收割」。因
此，面對挫折不能任性，任性中沒有反省、修正、在
沉潛、再精進的勇氣；面對挫折，要真誠接受，有效
處理，化任性為韌性，精益再精，突破升級，層樓更
上，深知「機會是留給準備好的人」，再創佳績。

挫折會讓人生波瀾起伏，柳暗花明。魯蛇是挫而必
折，提早放棄，放棄夢想，沒有明天，反觀溫那是挫
而不折，永不豎白旗，明天又是嶄新的一天。畢竟在

　　人生的路上，氣度決定高度，格局決定結局。（貝克
松）

## 評析

　　第一篇以譬喻為主，第二篇以映襯為主，分別加以敘述。大抵第一篇一氣流轉，第二篇工整規律。

　　第一篇直接破題，所謂「沒有經過挫折的人生是受挫最重的人生」，堪稱警句，直指相反相成的悖論深意。第二段譬喻說理。第三段運用雙關「挫者，錯也；折者，哲也」，明確剖析「挫折」的真諦。第四段再藉由析詞「挫而不折」，點出面對「挫折」，應有的朗暢態度。

　　第二篇一開始運用時下雙關語，對比「魯蛇」、「溫那」大不同。第二段剖析「挫而必折」、「挫而不折」的差異。第三段繼而對比申論兩者態度截然不同。第四段揭示全篇主旨，「氣度決定高度，格局決定結局」兩句，斬釘截鐵，收束有力。

## ●●● 仿寫

### 題目一

仿寫雨果的名句：

世上最寬廣的是大海，比大海更寬廣的是天空，比天空還寬廣的是人的心靈。

1. 臺北最高的是 101 大樓，比 101 大樓更高的是杜拜的帆船旅館，比帆船旅館更高的是現代科技的野心。
2. 眼前最寬廣的是這片草原，比這片草原更寬廣的是回憶，比回憶更寬廣的是遠至天邊的夢想。
3. 世上最紅的是秋天的楓葉，比秋天楓葉更紅的是西天晚霞，比晚霞更紅的是熊熊燃燒的慾望。
4. 世上最白的是天上的流雲，比流雲更白的是半夜冷冷的月光，比月光更白的是心頭難以言宣的悲哀。（張小寶）

### 評析

此例重點在「大海」、「天空」、「心靈」的層遞開展，同時前兩句具體，第三句抽象。

就空間而言，一、二兩例均能運用層遞。唯第二例「草原」、「回憶」、「夢想」，屬於一句具體，兩句抽象，與原作不合。

就顏色而言，三、四兩例均合乎形式。第三句的「紅」（暖色），

比起「白」（寒色），在視覺上更加鮮明。唯一值得斟酌的是，三、四兩例均朝向「心靈」的負面，亦可加以調整，自正面再加以考量。

## 題目二

仿寫王鼎鈞名句：

時代像篩子，篩得每一個人流離失所，篩得少數人出類拔萃。

1. 時代像磨刀石，磨得每一個人粉身碎骨，磨得少數人鋒利光亮。（明覺）
2. 時代像熊熊野火，燒得每一個人體無完膚，燒得少數人浴火鳳凰。（小皮）

**評析**

此例重點在譬喻，以及譬喻後兩種相對情境的引申，亦即雙襯敘述。

兩例相較，所謂「能受天磨方好漢」，從「磨」的角度，第一例「磨刀石」比起「熊熊野火」，更能傳達出「磨難」的深意。在磨難中，可以磨碎，也可以磨亮。

就句子節奏而言，原例「篩」三次重出，第一例「磨」亦三次重出，反觀第二例僅「燒」兩次重出，效果較弱。

## ●●● 改寫

### 題目一

改寫梁實秋《雅舍小品》佳句：

嘴唇在不能接吻時，才會唱歌。

1. 用歌聲尋找靈魂知己，用嘴唇尋找生活伴侶。
2. 你的嘴唇，是我嘴唇的家；你的歌聲，是心靈的花園。
3. 唱歌是精神的接吻，唱歌是情思深深的火花，唱歌是清醒的沉醉。
4. 唱歌是接吻的延伸，情書是擁抱的延長，藝術是慾望的昇華。（秋實）

#### 評析

改寫重點在「內容繼承，形式革新」，新瓶裝舊酒，採取不同的敘述。而此例聚焦「嘴唇」的兩種功能「接吻」與「唱歌」，一為感官，一為精神；一為直接，一為間接。

四例中，前兩例以對比（映襯）形式，呈現其中差異。後兩例以排比鋪陳「接吻」與「唱歌」的關係，第四例比起第三例，立意更加深刻；尤其「藝術是慾望的昇華」，斬釘截鐵，直指創作堂奧心理變化。

# 題目二

改寫西洋名句：

習慣是鏽，足以腐蝕靈魂的鋼鐵。

1.　蚜蟲吃青草，鏽吃鐵，虛偽吃靈魂。（契訶夫）
2.　習慣，是一條無形而有力的繩索。（顏崑陽）
3.　在習慣的水池裡，沒有創意的小魚。（貝克松）
4.　習慣是扣鈕扣，第一顆扣歪了，整排都歪掉了。
　　（錦池）

## 評析

　　此例重點，在於指出「壞習慣」、「習性」的缺點，無不在重複反覆中逐漸磨損崩壞。

　　四例中第一例最精湛。藉由「吃」的轉化，由具體而抽象，逮及第三句，點出「虛偽」戴面具的惡習，清明的良知終將遠離。

　　第二例，比較像仿寫，但沒有解釋。第三例，就習慣的機械反應著眼，往往與創意背道而馳。第四例也比較像仿寫，雖有解釋，但與改寫的「形式革新」不合。

　　此例值得反思的是，「好習慣」是什麼？筆者以為「好習慣」是潤滑油，可以擦亮靈魂的鋼鐵。好、壞之間，判若雲泥。

## 題目三

王維〈竹里館〉：

獨坐幽篁裡，彈琴復長嘯，
深林人不知，明月來相照。

**說明**：將五絕改成現代散文，一百字以上。

　　在幽幽的竹林裡獨坐，我成為竹林裡的風景。孤獨是形態，是一個人的狂歡，我揮手五弦，弦音在涼風中親吻靜靜傾聽的竹子。一時興起，仰天長嘯，沒有壯懷激烈，只有愜意舒爽，竹葉不禁在風中拍掌叫好。

　　我一聲聲呼嘯，嘯給竹林上空的飛鳥聽，飛鳥上的天空聽，天空中的一輪明月聽。雲畫的月光輕輕柔柔，披在我心上，只覺生命中美感經驗，只能獨享，不在場的永遠不知竹子在我身，明月在我心的自在、充實。（筆者）

### 評析

　　全篇改寫，善用「弦音」、「竹葉」、「飛鳥」、「天空」、「明月」、「雲」的擬人，物我交融，動感畫面，清新靈活。而全篇的主旨，即在心物合一的律動中，直指「孤獨是形態」，自在是心態；看似寂寞，其實充實，但似孤單，卻是歡喜自在。

　　張曼娟賞析此詩道：

　　他晚年隱居於輞川別墅，詩中運用了「一叢竹林」、「一

把琴」、「一輪明月」的意象，寫出了詩人孤獨的心境。
無論是彈琴或長嘯，未嘗不想引來知音？獲得共鳴，這樣
的期待卻是落空的。只有月光緩緩照進他的心裡，雖是清
冷，卻也明亮。

正可比較「改寫」與「賞析」筆法的不同。文末月光照心，「雖是清
冷，卻也明亮」，無疑拈出王維此詩主旨所在。

## ●● 續寫

## 題目一

續寫張愛玲名句：

因為愛過，所以慈悲；因為懂得，所以寬容。

**說明**：接續延展，五十字以上。

1. 因為愛過，所以慈悲，慈悲是解決他人的煩惱，給人機會給人希望，給人信心；因為懂得，所以寬容，寬容是原諒別人的過錯，包容別人的缺點，千萬不要用別的人過錯來懲罰自己。（筆者）

2. 因為愛過，所以慈悲，慈悲是提升自己的明燈，化小愛為大愛；因為懂得，所以寬容，寬容是理直氣和，哀矜勿喜，做最好的自己。（筆者）

### 評析

原句重點，在於兩組因果關係的闡釋。因此，續寫宜自「慈悲」、「寬容」上加以引申接續。

兩例均善用頂真，第二例結合譬喻，指出「慈悲是提升自己的明燈」，闡釋更加清晰，語意更為詳盡。

## 題目二

「現實生活的艱苦，……。」續寫成短文。

**說明**：宜注意寫作規律，字數五十至一百字。

1. 現實生活的艱苦，像一綑粗糙的繩子，緊緊的捆住她像捆住天使。天使卻從繩索中飛出來，輕輕落在繩索上，唱她應該唱，想唱的歌。（林良）
2. 現實生活的艱苦，好比在深海中潛水一般，水壓逼迫，必須靠氧氣筒支持，只能看到自己不斷吐出的泡泡，聽見自己陣陣心跳，孤獨的面對冰冷龐大的海底世界，同時看見海底世界的綺麗絕美。（秋實）

### 評析

續寫中最常見的是「歷時性」的思維模式，前後銜接，一氣流轉。

兩篇藉由譬喻，展開喻解，加以延展說明。第一例以「繩子」為主語，「捆住」為動詞；再加以「天使」的譬喻，銜接「繩索」，帶出女主角的自得其樂。第二例以「深海潛水」為喻，強調「氧氣筒」的必要，悠遊海底世界的孤獨與絕美。

## 題目三

「眾志成城，聚沙成塔，……。」續寫成短文。

**說明**：宜注意寫作規律，字數五十至一百字。

（一）正向

1. 眾志成城，聚沙成塔，志有多大，城就有多大，心有多高，塔就有多高，完全看彼此的志向、心量。須知「氣度決定高度，格局決定結局。」只有拓寬視野，達成共識，才能超越彼此，萬眾一心，打造輝煌的新世代。

2. 眾志成城，聚沙成塔，手連手，心連心，集思廣益，團結力量大，自然能創造奇蹟。所謂「一鍬掘不了一口井，萬手鏟倒一座山。」就是這個道理。尤其在現今專業合作的年代，單打獨鬥成不了氣候，發揮團隊力量才能真正崛起壯大，屹立不搖。

3. 眾志成城，聚沙成塔，集腋成裘，人多智廣，確實是顛撲不破的諺語智慧。一個人的力量是有限的，「一隻燕子不能成春天，一朵花不能成花園。」有了這樣的認識，才能真正體會到「團結走遍天下，孤單寸步難行。」學會虛心，學會溝通，學會合作，發揮群聚效應。（筆者）

（二）逆向

4. 眾志成城，聚沙成塔，說起來簡單，做起來不容易。首先，大家一定要有向心力，不能袖手旁觀；其次，大家要有責任感，自己份內的事要紮紮實實做好；最後，大家一定要發揮創思，相互協調，不能意氣用事，共同解決眼前難題。否則，只要有人搞破壞，頓

時分崩離析，城傾塔裂，徒勞無功。

5. 眾志成城，聚沙成塔，聚成一座靈骨塔，靈骨塔中有
三寶：孤獨、寂寞、死得早。在時間風沙的吹襲下，
再怎麼高大堅固的建築，到頭來無不沾染歷史的滄
桑，城毀塔倒，擁抱大地，淹沒在一片荒漠蔓草中，
靜默不語。人生又何嘗不然？（筆者）

## 評析

續寫短文的視角有二：第一，正向思維，即自「興利」（黃色思
考帽）的角度，「理想」的狀態，加以闡釋；第二，逆向思維，即自
「防弊」（黑色思考帽）的角度、「現實」的狀態，加以討論。

正向思維的結構組織，採對比、排比開展，鋪陳歸納，一意流
轉。如第一、二、三例。至於三例中分別引用諺語（「一鍬掘不了一
口井，萬手鑔倒一座山。」「一隻燕子不能成春天，一朵花不能成花
園。」）、佳句（「氣度決定高度，格局決定結局。」「團結走遍天下，
孤單寸步難行。」）加以印證，增強論述語氣。

逆向思維的結構組織，先揚後抑。第四例點出「理想」與「現
實」有落差，並非心想事成，而有一定的難度。只有真心實意，毫無
心結，才真能「團結力量大」。第五例則自「自其變者觀之」，藉由
「靈骨塔」的轉折變化，開高走低，所有一朝風月，都成萬古長空，
感慨甚深。

## 半命題作文

### 題目一

　　□□□悲歌

　　**說明**：在環保議題上，極端氣候，北極冰帽溶解，海平面上升，造成許多動物瀕危。請自瀕危動物的角度，敘述它們的心聲。六百字以上。

#### 北極熊悲歌　　　　　　　　筆者

　　自出生以來，這世界就是一大片冷冷的白，厚厚的白，無盡的白茫茫。冰山加冰原加冰川，白雪皚皚，與世隔絕，也與世無爭，只要靜靜躺在深層洞穴，沒有人能察覺我的存在，尤其一身雪白，融入暖暖的洞穴裡，無憂無慮，可以把一生唱成純淨的白色之歌。

　　自長大後，不得不離開母親，流浪索居；踽踽獨行是我不變的身影，與孤獨為伴，寂寞為伍，為覓食而行行重行行。年輕時，冰川上老弱的海豹是舌尖上的佳餚，擱淺的鯨魚是豐富的美味。然而好日子過了頭，好景不常在。隨著冰帽溶解，冰山崩塌，冰湖越來越多，浮冰越飄越遠，美味和佳餚的蹤影不再張口可得，而是越來越稀少，集體遷移，彷彿消失不見在著極天凍地的酷寒世界。

　　是時間作弄人間，極端氣候改變生態。偶爾游在冰川

裡，我暗暗察覺冰川底部慢慢湧入 2℃的暖流。曾幾何時，以往冰原絕對穩如泰山，再怎麼追趕跑跳，都無法撼動。如今這世界變了，走在上面要小心翼翼，步步為營，怕一不小心踩裂踏空，掉落川下，弄得全身濕淋淋。萬一爬上來，再迎上冷颼颼的風灌過來，那可有罪受了。

我覓食的範圍，原本是「千山鳥飛絕，萬徑人蹤滅」，雄霸一方，極地稱王，不愁三餐。但伴隨著壞日子臨頭，鎮日一無所獲，我只好硬著頭皮走出這片白茫茫冰原，走向「千山鳥不絕，萬徑人蹤有」的村莊農舍，翻覓可以祭五臟廟的食物。孰料一陣乒乒乓乓，引來狗狗驚聲尖叫，村莊農舍的燈一一亮起，人們手拿長槍向我位置邁進。一看大事不妙，我三腳高兩腳低，落荒而逃。耳邊聽見人們驚呼：「是北極熊！」「怎麼會在這裡？」「太嚇人啦！」緊接著「　哩啪啦」槍響，劃過澄澄夜空；我更是頭也不回直奔寂天寞地的冰原，才敢放慢腳步，一顆狂跳的心才慢慢定下來。

雖號稱北極之王，但我平生無大志，只想單打獨鬥，倖存於這綿延數千里的冰封雪地。生命的意義，只求卑微的生存。但如此「野性的呼聲」，何其艱難，何其微弱。永遠處在飢腸轆轆中，往往產生幻覺，彷彿看見一大群海豹在遠處海邊憩息嬉戲，逼近衝過去，只有貌似的冰塊、浮冰，靜靜流動。每天的奔走，都是「尋尋覓覓，冷冷清清，淒淒慘慘戚戚」，不斷燃燒體內脂肪，不知道下一頓在哪裡。至於飢腸轆轆的極至，便是以大吃小，物傷其類。雖然我頗以為不妥，但愛莫能助，現實就是如此殘酷，小熊還沒機會長大便告別這塊冰原。

　　望著眼前不斷湧現的冰湖，不斷脫落裂解的冰山，望著海平面不斷上升；我隱隱覺得岌岌可危，大限將至。北極熊沒有明天，再怎麼衝霜冒寒，遺世獨立；將在這冰山雪地中靜靜倒下，被這一大片冷冷的白覆蓋，呼呼刮起的彌天冷風將成送葬的輓歌。

　　彌留之際，我看見今天的北極熊，是明天的人類。而北極熊何其無辜，這一切的災難，都是人類一手造成。工廠、汽車、火力發電廠一直不斷排放廢水廢氣，製造污染，讓整個地球暖化；每下愈況，越演越劇，幾乎不管環保，謀求有效改善。試想，有朝一日當海平面上升超過 3 公尺，地球全面反撲，人類將一步一步走入沒有光的所在，後悔莫及。

## 評析

　　首先就取材立意而言，以北極熊「獨白」口吻，敘述北極，今非昔比，每下愈況。原來的海豹、鯨魚先後消失不見，北極變成無法賴以維生的冷酷荒原。為了覓食，只好硬著頭皮，向邊緣附近的村舍前進。結果命懸一線，招來子彈無情射擊，一旦手腳太慢，必將一命嗚呼。至於公熊吃小熊的畫面，則是「無情荒地無情天」，餓到極致，什麼野蠻的事都會發生。人生至此，天道寧論。

　　其次，就組織結構而言，本篇由敘而論。最後一段，對地球污染的元凶，提出控訴。北極熊瀕危，恐將消失殆盡。人類無視環保，每下愈況，必將災禍臨頭，自食惡果，走向大滅絕。

　　最後，就遣詞造句而言，「今天的北極熊，是明天的人類。」最為怵目驚心。同樣的警示語有：「今天的鳥類，明天的人類。」殷鑑不遠，號稱「萬物之靈」的人類，不能視若無睹，斷送地球的生機，

引來浩劫，終將「歸零」。而人類最後看到的一滴水，應是自己的眼淚。

# 題目二

善似□□

**說明**：半命題作文，旨在激發學子的思維與想像。可以善似太陽，善似清流，善似接力，善似和風，善似明月等，擬定自己有感覺的題目，六百字以上。

## 善似青松　　　　　　　　筆者

一元復始，萬象更新。重讀劉基的詩：「善似青松惡似花，看看眼前不如它，有朝一日遭霜打，只見青松不見花。」深感嫩蕊浮花，過眼雲煙；向上青松，才是君子所為。勿以惡小而為之，勿以善小而不為。人生長歲要長智，在「說話」、「寫作」上尤須唯陳言之務去，不要在泥淖裡自汙，宜更求細心、精進。

在說話上，要有自知之明，面子不能當飯吃，氣話不能當水喝。在平日雖閒靜少言，以為「大德不逾閒，小德出入可也」，有時不免「好說話」，說些沒有營養的話；不知要「說好話」，好好說話。對親友同事，有時難免失控；言者無心，聽者有意，無端生風波。

結果講話大聲又怎樣？有理不在大聲；吵贏了又怎樣？反唇相譏又怎樣？只有更激怒對方，口水滿天飛。英

文中的 anger 和 danger 是「暗黑組合」，只有路愈走愈窄，走到懸崖。草就是草，寶就是寶。面子是草，裡子才是寶；氣話一陣風，貼心話才是一輩子；化「理直氣壯」為「理直氣和」，才是說話的藝術。

在寫作上，文章千古事，得失寸心知。為文不能只是有趣，還要有味；不要只會幽怨，還要能幽默；不能只求好看，更要求耐看。重看往年有些著作，我手寫我口，不知要聚焦「真的美」、「真的善」，徒尚空言，只知「文似看山喜不平」的「有意外」，不知「仁者樂山，智者樂水」的「有意義」；寫作的重點，不只鍊字、鍊句、鍊篇，更要下學上達，注重鍊意、鍊人。立意批判，用以警世，立意創新，用以益世；「文人無行」只是往下比，「日趨上流」才是由浮華至昇華，由無明至文明的境界。

莫道桑榆晚，為霞尚滿天，橙橘亦芳馨；年歲已長，切莫氣結傷身；力求推陳出新，從「心」出發。心是人生最大的戰場，不要讓自己的戰場甚囂塵上，煙硝四起；而要轉念啟安祥，成為一方淨土，向上向善，開智開慧。

## 評析

首先，在取材立意上，本篇引劉基七言絕句〈青松與花〉，揭示主題：「善似青松」，才能歷久彌新，「惡似花」隨風凋落，委地消逝。因此「眾善奉行，諸惡莫作，自淨其意」，才是善男子、善女子所當為。

其次，在組織結構上，全篇採「總分總」結構。首段確定新春「說話」、「寫作」的指標，沒有閃躲的空間，次段指出「好說話」之弊，強調「說好話」之必要。吉人之辭寡，無須口水橫飛，言不及

義，三段就「理歪氣壯」加以客觀剖析，在憤怒（anger）中所說的話，所做的決定，往往徒惹禍端，讓自己陷入危機（danger），沒有轉圜餘地。第四段針對寫作，要言之有物，言之有理，言之有味，誠於中而形於外，不是只會用美麗的詞彙包裝醜陋的事實。好的作品要讓人開卷，有益身心，絕非污染讀者心靈。末段總結，年歲漸長，裡子比面子重要，如何「轉念安祥」、「向上向善」應該是「繁華落盡見真淳」之際，應努力的方向。

　　最後，就遣詞造句而言，本篇除了引用外，善於回文，如「好說話」和「說好話」，次序顛倒，立意即天差地遠。並好用析字，「anger」躲在「danger」裡面，確實引人赫然驚視。至於同異詞的對照比較，「幽怨」、「幽默」，「浮華」、「昇華」，「無明」、「文明」等，讓音義更見鮮明，差一個字差很多。

## 題目三

　　　□□遍野

　　**說明**：半命題作文。空格內可以填上：森林、稻田、沼澤、歡笑、歌聲、哭聲等，自行決定。

### 芒花遍野　　　　　　　　陳秀娟

　　秋天是郊遊的好季節，是登山的好時機。

　　車子停在涓絲瀑布入口，一下車，陽明山特有的涼意迎面襲來，雖然已改穿長褲，仍後悔沒把外套帶下車。

　　山徑左側是樹林竹林，右邊是溪谷，奔馳而下的溪

水，一路歡唱，嘩啦啦說個不停，像個脫離父母師長管束，喜獲自由的孩子。而我，打從讀研究所開始，時間極缺，精神緊繃，難得偷得一日閒，也和腳底的溪水一樣高興。尤其走入山，不自覺就受到它的召喚，一馬當先，走在最前頭。耳朵忙著聽水聲，眼睛也沒閒著，一會兒尋找群綠中幾片知秋的楓紅，一會兒眺望蔽日縫隙處的擎天崗。正當耳目都忙得不可開交時，突然瞥見路中一條深褐色的閃動，嚇得我本能的後退。這美好的秋日，儘管人聲雜沓，連小蛇都知道要出來走動走動。意外的邂逅，造成我小小的心悸。

在大自然的懷抱，人也變得謙和起來。一位留著白鬍子，拄著拐杖，穿著短褲涼鞋的老者，迎面而來，愉悅的向我問好，我也開心的回他「您好」。一旁的女兒疑惑的問：「你認識他？」我說不認識，她有些不解的又問：「那你回應他的聲音怎麼那麼親切？」哈哈，是嗎？相逢何必曾相識，他既愉快的一路向人問好，我何妨也開心的回應一聲您好。

一路上，聽著溪水與岩石的深情對話及精采演出。高低錯落的石頭，讓一路宣洩而下的溪水，唱出潺潺淙淙不同音調的歌，同時流瀉出一小段一小段的瀑白。相較於平緩無石區段的水流，有岩石激盪的溪水，顯得生趣盎然，快意十足。人，不也因重重挑戰而激發出潛能，讓生命更顯光彩耀眼。

回程遇上親子團，幾對母子女以「花」為主題，做歌唱擂臺賽。第一對唱了「茉莉花」，第二對以「梅花」應戰，第三對以「牽牛花」回應：「牽牛花，他不牽牛牽喇

叭」，好熟悉的旋律、歌詞，兒子小時候我們買了兒歌
CD放給他聽的，已經十幾年沒再哼起，沒想到是在這情
境重溫他的童年。擂臺賽仍繼續著，第一對經過短暫思
考，仍未想出歌曲，我們趁機超越他們，然後外子替他們
接續，以臺語唱「十八姑娘一朵花」，唱著唱著，連「肚
臍凸凸像菜瓜」都出來了，逗得我仰天大笑，暢快極了！

　　驅車至冷水坑，再步行上擎天崗，這一段與學生校外
教學共同走過的路，綿延的隊伍猶在張望的眼中，吊橋上
似乎仍有他們的身影、笑聲，如今已成照片中的回憶。登
上瞭望台，眼下不是翻飛的白，而是叢叢的紅褐。芒草正
抽穗，形成一幅「丹山草欲燃」的奇景，還未到全然綻放
的蒼茫，或許可以期約十月下旬，再來欣賞芒族的盛大演
出。

　　抵達擎天崗，望著一大片的草地，女兒忍不住躺下滾
了幾趟。我們也隨性躺下，臥看雲天。天空布滿層雲，最
高最遠的雲層不動，近處的雲飛快飄過，藍天得以現身，
太陽偶爾露臉。對面山頭因陽光照射，呈現白茫茫一片；
左邊的山，陽光不眷顧，就成墨綠的一團。整個擎天崗，
是大自然玩弄光影色澤的大畫布。

　　雖然是滿山滿谷的草地，仔細觀察，草的長度仍是有
別。原來這回是風的傑作。迎風面的地板，草抵擋不住風
的侵襲，所以長得矮小些；背風面或低窪處的草，有了屏
障，長得高大些，卻也付出代價——末端枯黃，看來造物
者在大原則上還是講究公平的。

　　積累三年的緊繃，在這幾天得到舒緩，尤其今天陽明
山之行，更是身心同獲洗滌，頗有煥然一新的感覺。（臺

北市玉成國小老師）

## 評析

通篇行文清新活潑。在三年緊繃研究所的忙碌生涯，得以「偷得浮生半日閒」，釋放紓壓，打開心眼，別有一番新的感受。

首先、就取材立意而言，全篇展開陽明山之旅，接受大自然的饗宴，以第四段「相逢何必曾相識」的親切問好，最為動人，閃現人間「你好，我也好」的和諧。至於在作者一路感官總動員中，以第九段中對擎天崗草族的觀察，最為細緻，並自景中兜出新發現、新領悟。

其次、就組織結構而言，全篇分十段，依時間、空間描寫敘述。景點主要為「陽明山」、「擎天崗」，以景物的記敘為主軸。其中第九段由物入理，由景及情，別有會心，確實耐人尋味。

最後、就遣詞造句而言，通篇善用視覺、聽覺摹寫，並介入譬喻（「像個脫離父母師長管束，喜獲自由的孩子」）、擬人（「溪水一路歡唱」、「耳朵忙著聽水聲」、「一路宣洩而下的溪水，唱出潺潺淙淙不同音調的歌」），增添行文活潑。第七、八、九段對擎天崗「光影色澤」的描寫，細緻生動，值得觀摩相善。

# ●● 命題作文

## 題目一

### 走過　　　　　　　　　王玟晴

　　舉目遠眺的心曠神怡、雲霧繚繞的神祕夢幻，是踩踏在疾風刺骨、冷冽驟雨中的腳步堆疊出來的！走過才知道！

　　豐碩甜美的成功果實、鴻圖大展的夢想成真，是汲取於跌跌撞撞，磨練心志中的經驗累積出來的！走過才知道！

　　人生境遇的悲歡離合、生命旅途的起起落落，是浸淫在用心品味、專注當下中的如實體會出來的！走過才知道！

　　父親被診斷出大腸癌是幾個月前的事了，這顆震撼彈來得突然，打擊著一直非常重視養生之道的父親與家人！擔憂、不安如同一張大網，密密的、嚴嚴的攫住我們的心，幸而父親曾罹癌的友人一句：「放寬心，身體交給醫生，生命就交由老天爺！保持樂觀，對病情必能有所助益！」讓我們決定謹遵醫囑，然後好好的迎戰這突如其來的大敵！然而，檢查報告的不確定、身體不適的劇烈反應、復原進度的時進時退、飲食控制的繁瑣困難，在在讓我們原本懸著的心，更加提心吊膽！而些許的進展便如同

戰場捷報般，讓我們又能寬心面對一切的折騰！將近二十天入院的日子，家人們歷經跌入谷底的茫然、迷途於山路中的不安、逐漸爬高的喜悅，就在這之間反覆擺盪著！

手術後，我們戰勝敵軍，一舉殲滅大敵，但戰後恢復卻也不容小覷，家人彼此給予安慰與鼓勵，始終讓父親在滿滿的愛及守護下修補脆弱的身心。終於，病理報告出爐，加上調養得宜，我們過關了！一家人也因為這個關卡而更緊密的凝聚在一起，更懂得把握當下、珍惜彼此，這何嘗不是一種獲得呢！得以出院的那天，我哭了！這眼淚，是一種終於走到雨過天晴的寬心、是一種總算熬過艱難路程的不捨、更是一種終究抵達短期目標的珍惜！

平凡的生活是一種幸福，這個生命路上的變數讓我加深了這份體悟！未來還有漫長的路要走，不知道前方還有什麼樣的風景或考驗，但我們會帶著堅強與勇氣往前邁進！回首來時路的起伏煎熬，真的，走過才知道啊！（新北市集美國小老師）

## 評析

全篇一開始以「走過才知道」為關鍵句，揭示「走過」的真諦，在於「千金難買早知道」，當「知道」時，已翻山越嶺，別有一番風景，另有一番心境。誠然「寒天飲冰水，點滴在心頭。」

首先，在取材立意上，聚焦父親大腸癌的治療經過，「看似尋常最奇崛，成如容易卻艱辛」，在在讓家人團結一條心。

其次，在組織結構上，由虛而實，採「今昔今」的結構，藉由「今昔」對比，寫出家人的煎熬糾結。而當生命被逼至危險邊境，才能體會深刻。幸好全家同心協力，歷經開刀前後的種種考驗，終於由

揪心至寬心，柳暗花明又一村的歡欣落淚。

　　結尾重申「走過」中「如人飲水，冷暖自知」的真諦。只有走過才知道「堅強面對之必要」，走過才知道「人生不可能一帆風順」，走過才知道「淚水是成長的開端」，走過才知道「平安健康就是幸福」。

　　全篇寫來，平實真摯。在最深的知性中交織最深的感性，總結出作者的五字真言：「走過才知道」，親臨其境，才有「懂事」的「知道」，「成熟」的「知道」。

# 題目二

### 淚水　　　　　　陳秀娟

　　淚水是用來洗滌心靈——抑鬱的、哀傷的、疲累的、悲痛的、蒼涼的、無助的、壓抑的、憐憫的，甚至歡欣的，喜悅的，都可經由不斷湧現的熱淚，將之清除，回歸心靈的潔淨。

　　下午參加一位同仁母親的安息禮拜。基督教的詩歌本就平和，具有撫慰人心的作用。坐在席上，望著愈發清瘦的同仁，我已一陣心酸不捨。她代表家屬答禮致詞，平靜而充滿孺慕的聲音，回顧母親一生的辛勤劬勞；偶爾的停頓，我知道她正壓抑深沉的悲傷哀痛，努力把內容說完。最後她獻唱母親生前最喜歡的兩首歌：「世上只有媽媽好」、梁祝的「遠山含笑」。我從來不知道她的歌聲如此優美動聽，即使清唱，仍是那麼悅耳悠揚。若是在歡聚的

場合獻唱，那會得到多少的喝采掌聲，偏偏她在母親的安息禮拜上，最後一次為遠行的母親唱她最愛的歌，這種感覺太突兀、太怪異了，她越是唱得精準清越，我越是感傷悲痛，止不住的淚水一直溢眶而出，哭她的堅強；哭她即使取得博士學位，仍委屈小學，只為一份對孩子的關愛；哭她為母親放棄美國大學的教職；哭她為母親蹉跎青春，放棄理想的婚姻對象；哭她無怨無悔、日日夜夜的照顧母親；哭她從不捨棄救治母親的機會，即使醫師勸她放棄；哭她幾次從死神手中，硬是搶回母親；哭她如此堅貞信奉她的耶穌基督、她的天父，在日日禱告中，向她諭示母親可康復，還是接回她的母親，回主懷抱。

禮拜開始前，我們以眼神示意，我抿著嘴，神色嚴肅，告訴她：「我依約而來。」雖然與她的母親未曾謀面，但感動於她的孝心，特來送行。她輕揚嘴角，表示感謝。

典禮後，瞻仰完遺容，我緊緊擁抱悲悽落淚的她，她一直輕輕呼喚我的名字，我則哽咽的連安慰她的話都噎在喉間出不了口。

佛家說：「生苦，老苦，病苦，死苦，愛別離苦，怨憎會苦。」晚間佛前誦經，誦著誦著，撲簌撲簌的眼淚又不知不覺滑落，即使此刻，仍是邊擦眼淚邊打字。

哭過後覺得特別累，但也讓眼睛清明，我藉此洗滌錯綜複雜的心緒，希望得到再生的力量。

（臺北市玉成國小老師）

**評析**

　　全篇借他人杯酒，澆心中塊壘。目證親情之二字，終究「愛別離」。在別離中同仁獻唱〈世上只有媽媽好〉、〈遠山含笑〉，應是母女間深情相擁的歌聲，迴旋於今生來世。

　　首先，就取材立意而言，自同事母親的告別式中，審視同事的一生，撫今追昔，一件件一樁樁，不禁湧現客觀的悲情。所謂「人類，人類，做人很累」，為人父母、為人子女都不免與「淚」結緣，只有擔心，沒有放心，一輩子即使「累」到爆，也無怨無悔。

　　其次，就組織結構而言，本篇分五段，採「論敘論」的結構。首段開門見山，直指淚水的功能。二、三、四段敘述同事告別式上的獻唱，兼及同事「淚與累」的一生。結尾以佛教「八苦」揭示主旨，只有藉淚水洗滌，「面對它，接受它，處理它，放下它」，難捨能捨，難行能行，才能恢復「再生的力量」。

　　最後，就遣詞造句而言，以第二段中作者的「心有戚戚焉」最生動。藉由「哭她……」八句排比，交代同事的堅強與辛酸，照顧母親的無怨無悔，句句至情至性，令人動容。

# 題目三

## 1.一張舊照片　　　　　　　林秀娥

　　獨坐女兒書桌窗前，心裡感覺空了一塊。外子和我不久前送她去住校，剛上大學的她，充滿雀躍心情，對未來有著無限憧憬，多采多姿的大學生活正等著她。看著書桌

前一家人登雪山東峰的照片，當時小五的她，如今已是亭亭玉立的少女了。還好弟弟念離家近的大學，還住家裡，否則我的心會失落更多。

想起當時雙胞胎兒女大班時，我們加入了荒野親子團，和一群想陪著孩子成長的父母，利用假日時間，設計各種活動，上山下海，接近大自然，在野外向大自然學習，讓孩子們藉由五感刺激體驗生活，豐富人生經驗。

記得孩子們五年級的暑假，大夥兒一起去爬雪山東峰，我們背著重重行囊，一步步往目的地前住，沿途曾停下欣賞美景，觀察各種高山動植物，到了哭坡，還遇到突然急下的冰雹奇景，一顆顆晶瑩的小珠子落在山徑上和身上，讓人不由得想起白居易的〈琵琶行〉，那詩中「大珠小珠落玉盤」的聲響，應該像極了當時的感受。我們不怕變化多端的天氣，也不畏辛勞，一路上相互扶持鼓勵，終於到達雪山東峰。

同事說：「我們都被孩子追老了。」陪著孩子長大，和他們一起成長，如今他們長大，但我們心態不老，仍認真過生活，對自己的生命負責。在父母的眼裡，孩子永遠是孩子，不同階段有著不同的牽掛，但牽掛之餘，也應學著放下，他們是獨特的生命個體，也不屬於父母。

我聽過今世能成為父母子女，是前世修來。一切都是因緣合和而生，應當珍惜眼前一切。面對正在蛻變長大的兒女，心中充滿感恩和祝福，感恩他們來到我的生命中，豐富了生的生命；也祝福他們未來的人生充實而美好。
（新北市景新國小老師）

## 評析

　　全篇浮動母親對女兒的殷切情意；撫今追昔，有感性，有知性，互縮成〈一張舊照片〉的悲喜交集。

　　首先，就取材立意而言，藉由小學五年級女兒的照片，回想當時情景，也感慨日月逝於上，做父母的要調整心態，一來「心態不老」，二來「學著放下」。小孩「成長」，父母要「成熟」，擁有健康心態；同時，體悟「你的孩子不是你的孩子」，要放下牽掛，讓他們獨自翱翔在未來。所謂「人身難得」，今生為父母子女，已是天大福分。

　　其次，就組織結構而言，全篇分五段，屬「今昔今」常見結構。第二、三段回憶爬雪山東峰的情景。第四、五段回至女兒書桌窗前的感悟。第四段是知性的省思，第五段是感性的「感恩與祝福」。

　　最後，就遣詞造句而言，第三段引白居易〈琵琶行〉：「大珠小珠落玉盤」，是聲音的摹寫。第四段引同事的話，能進一步翻轉，化消極為積極，化捨不得為放下。最後一段引用佛家說法：「今世能成為父母子女，是前世修來」，出處當為：「夫妻本是緣，善緣惡緣，無緣不來；兒女原是債，欠債還債，無債不償。」

## 2.一張舊照片　　　　　劉貞君

　　前幾天整理書房時，無意中發現書中夾著一張我們全家出遊的照片。照片上標示著：1996.08.16。那是我們去雪霸國家公園旅遊，大家健行後在小木屋前休息，泡茶閒聊的留影。照片中每個人都面帶笑容，祥和而悠閒地或坐或站，手端著一小杯茶，細細品茗，配著茶食，侃侃而

談。看著這張照片，想著當時的景象，再對應現況，心中有無限感慨！

　　記得當時爸爸是負責泡茶的人，他看起來是那麼的英挺，炯炯的眼神，伶俐的手腳，不斷的泡出一壺壺好茶。爸爸年輕時就愛喝茶，對於茶葉的品質及泡茶的工序都非常講究。他常說：「喝到一杯好茶，讓人口齒留香，口中充滿茶水回甘的韻味；茶汁芬芳的氣味，讓人心曠神怡，無比舒暢！」他也常一邊泡茶，一邊告訴我們：「泡茶時，茶葉的分量要放得恰到好處，過與不及都無法泡出美味的茶湯。就像處事一樣，力量過與不及都無法讓事情完美。泡茶的工序更是重要，每一泡的時間都要仔細推算，耐心等候，適時取出，否則，茶湯不是淡而無味就是濃烈苦澀，無法滿足品嘗者的需求。而時間的推算並非一成不變，端看茶葉的量與水的溫度來彈性調整，就像我們做人做事一樣，也要彈性調整而不是頑固不知變通。」在泡茶中，爸爸教了我許多做人做事的觀念。

　　回想往事，再看看現在的爸爸，已漸漸忘了要如何泡出一壺好茶。那天，鼓勵他自己泡茶，他拿起泡茶用具，突然問我：「茶葉要放多少？等一下的水要放哪裡？」雖然我們對他的病況都心裡有數，但對照舊照片的景象，內心仍不勝唏噓！

　　當初口條好，常向我們說人生道理的爸爸，如今卻表達困難，需要我們一遍又一遍，猜測式的詢問，才能了解他要做甚麼；也經常注視著夾在桌墊下的電話資料，問我們那是誰的電話號碼？更經常無意識地看著電視，因為忘了該如何轉台。一場病，讓一向頭腦清晰，手腳伶俐的爸

爸退化到凡事需要別人提點、幫忙，真讓人不捨！

　　一張舊照片，帶給我許多衝擊，看著現在的爸爸，想到健康的他，一切是來得如此之快。年前才感覺到爸爸的情緒莫名的起伏，焦躁易怒；雖然年歲較高，但遺忘事物的速度卻異常的快，經過一連串的檢查、評估，爸爸被診斷為「阿茲海默症」。我們了解病症的發展及速度，但它還是快得超乎我們的想像。現在的爸爸已忘了我的名字，不知道我現在向他說：「爸爸，我愛您！」是否來得及烙印在他心裡？

　　儘管爸爸的病情發展迅速，只祈求老天爺能讓我們多留在他心裡一會兒，讓他能天天過得平安順心，於是我們誠心誦讀經書迴向給爸爸，祈祝爸爸未來的日子一切安康。爸爸：您放心，我們都在，一切有我們。（新北市沙崙國小老師）

## 評析

　　全篇自女兒的視角，照見父親的身手靈活，十足泡茶達人；如今物是人非，父親身體退化，看在女兒眼裡，不免感慨繫之。

　　首先，在取材立意上，以自身經驗，捕捉父親「判若兩人」的身影，照見「歲月催人老」的真實。

　　其次，在組織結構上，本篇以「今昔今」結構，道出今非昔比，生命的無奈。第二段憶及爸爸年輕時是泡茶高手，每個細節都講究到位。第三段謂如今爸爸已生疏，不諳茶事。第四段謂爸爸腦力退化，要人支援。第五段點出爸爸失智，得了阿茲海默症，很多事都記不得，讓人憂心，第六段面對爸爸病情，希望化悲傷為照顧，以誦經迴向，盡人子一份孝心，盡力而為，盡心陪伴。

　　最後，在遣詞造句上，文從字順，娓娓道來，真實貼切，在在流露女兒的細心用心，自然動人

# 題目四

## 橋緣　　　　徐麗玲

　　班駁的橋身，橫跨在川流不息的車陣之上，疾行上班的人們無視您突兀的存在，寧可繞路穿梭危險車陣。唯我恣意獨享只有我明白的溫暖，因為這裡是喧鬧城市中最寧靜的一隅，是離您最近的地方。

　　狂奔、追趕，是每天早上必演的戲碼，一系列的追趕後終於來到我與您最近的地方。拾級而上，不堪負荷的膝蓋，正無聲的抗議著，奔騰澎湃的心臟似已咽卡喉頭。倉促與匆忙，到此嘎然而止，步上橋身，不再追趕。時間的鐘，已調撥成近乎終止模式，想念您的儀式即將開始。我緩步挪移身軀，回頭望向遠方迸射出一道道橘紅光芒的朝陽，那是您將要遠行啟航時的一身珠光！那是您緞面旗袍映射出的一身橘紅，那是我在夢裡，您即將出場的前奏序曲！

　　汗滴從髮際滴落浸濕眉間，滾落到臉頰的已分不清是對您的綿綿思念，還是精疲力盡的涔涔汗滴，僅我獨行的橋面，腦海浮現您站在天長橋頭的燦燦笑容，您的身影與背後斗大的「天長橋」字樣，雋刻在我與您最深的記憶裡！那時醉心於浪漫的地名，幻想「觸」動心「口」天長

地久橋的浪漫，央求著古稀之年的您陪我一起尋訪阿里山下觸口天長地久橋的地久、天長。然而，那對祖孫聲嘶力竭在橋中央的呼天搶地的求救畫面，破壞了原本設定好的浪漫橋段。現在才理解，走過大江大海的您，可以為了我無理又可笑的請求，放下您的身段；明知自己的懼高，卻不忍看見我的失望，勉強始終堅毅，從不知恐懼為何物的自己，陪著我演出一場與您人生角色完全違和的爆笑劇。

　　我將所有有您的回憶塵封在一格格的記憶抽屜裡，而打開抽屜的鑰匙，是這座唯我獨行的天橋。讓我在橋上反覆進行著僅有我們才懂得的儀式：讓滿溢的思念，在離您最近的地方，解放。（新北市信義國小老師）

## 評析

　　通篇文字清新靈動。由景點而情，由眼前而思念，湧現「橋緣」、「情緣」的空間懷想。

　　首先，就取材立意而言，本篇以「天橋」為聚焦，貫串全文。由眼前斑駁的橋，至幽明兩隔的橋，以及阿里山觸口的「天長橋」，撫今追昔，不免悲喜交集。至此，橋不只是現實的橫跨兩岸，更是溝通我和「您」之間，情真意切的親情之橋。

　　其次，就組織結構而言，全篇四段，採「今昔今」結構模式。第一段為眼前，第二、三段為過去。其中尤以第三段「您」拗不過晚輩的要求，結果因懼高症爆笑演出，成為兩人今生今世最深刻的記憶。

　　最後，就遣詞造句而言，全篇行文活潑。作者善於雙關衍申，如「天長橋」，引申為「天長地久橋」；地名「觸口」，也引申為「觸動心口」的浪漫；加深景點的寓意，別出新裁，值得觀摩。

# 題目五

## 遠方　　　　邱薇玉

　　人們總是將所有對未來的期待，寄託於一個難以企及的地方……遠方。因為到達不了，而想像出美好憧憬。追逐遙不可及的夢想雖不易，但仍要人生有夢，羅斯福仍然認為要「將你的眼光，放在遙遠的星辰上。」把目光放在更遙遠的星空，為爭取遠大的理想而努力；但別忘了要面對現實，一步一腳印地向前邁進。

　　遠方，一個人們對未知所賦予的至高期盼，有時，不一定能達成。即便如此，我們仍要朝目標前進。孔子周遊列國，無非是為了救世，夢想何其遠大。他踏上遠方的國土凡十四年，終不得行其志。經歷百般挫折之後，孔子黯然回到魯國，但是，對於禮樂教化的堅守，卻未曾有過猶豫彷徨，仍寄託希望於未來。他潛心於文獻典籍的整理，並教育弟子。其博大精深的學說，不僅成為中華文化的礎石，對世界影響更是遠大。孔子明知前路艱難，卻依然踩著堅毅的步伐，走在自己選擇的道路，終底於成。

　　遠方，承載著我們滿心的嚮往，到達了，可能不如想像中的美好，但還是要堅定意志向前行。蘇軾既中科舉，加官晉爵，仕途何等榮耀。本以為到達遠方的終點，未料烏臺詩一案，使他踏上流浪之路，下放到當朝官員中被貶得最遠的黃州。雖是如此，在這荒涼、一切不如人意之

地，他找到生命的出口，更醉心於文學藝術的創作，寫成千古絕唱的名篇無數，成為文壇巨擘流芳百世。這豈不是更美好的遠方？

人生寄旅於天地之間，就該為更高遠的理想而奮鬥。儘管追尋的過程坎坷波折，只要堅定信念，始終行走在通往遠方的路上，就沒有一個冬天不能度過。儘管夢想達成不易，只要邁開往遠方的腳步，春天會到來。訂下目標，腳踏實地努力去實踐，就沒有一個到達不了的遠方。（桃園縣八德國小老師）

## 評析

「遠方」可以是有形、具體，也可以是無形、精神的。沒有去過的地方，是遠方；只有冒險跨越的，才是遠方。

首先，在取材立意上，無懼遠方的陌生，充滿未知變數，但仍要大步向前。

其次，在組織結構上，採「總分總」方式，首段引用羅斯福名言，確立主旨。第二段自文化上，以孔子為例，懷抱理想，才能「天不生仲尼，萬古如長夜」。第三段自文學上，以蘇軾為例，越挫越勇，不怕遠方路途坎坷，百世流芳。結尾指出關鍵句「沒有到達不了的遠方」，一錘定音。

最後，就遣詞造句而言，本篇積學儲寶，能引用中西名言，兼及事例，學養豐贍，言之深切入理，自有定見。

# 題目六

## 想飛　　　　　　　　游婷媜

你曾嚮往像鳥兒一樣自在的飛翔嗎？

偶爾，我們都曾「想飛」，希望能夠飛向藍天，俯瞰遼闊的世界，那是多棒的事情！

偶爾，我們都曾「想飛」，放鬆緊張繁忙的生活，到遠方旅行，那是多自在的事情！

偶爾，我們都曾「想飛」，努力實現自己的夢想，過著自己憧憬的生活，那是多麼幸福的事情！

「想飛」，可以使自己暫時擺脫現實的禁錮，逃離忙碌的現實生活。有時候，我們應讓心靈放鬆，呼吸一口清新的空氣，仰望藍天，讓思緒飄向遠方，因為在充滿壓力與緊張的生活，讓自己恣意飛翔於想像的世界，讓身心獲得最大的放鬆，對於日夜忙碌於工作的我們，是很重要的心靈療癒，且可以讓我們更有能量，繼續為實現夢想而努力。

「想飛」，我喜歡坐上飛機到國外旅行，讓自己的視野與人生體驗更豐富。但是這一年，因為新冠肺炎的疫情，為了保護自己與家人的健康，無法「飛」出國旅行，頓時就像失去翅膀的鳥兒，無法飛向遼闊的天空。這時，我們可以換個方式，藉由網路與視聽媒體，或是各式各樣的書籍，帶著我們去旅行，實現「想飛」的心願。

「想飛」是一種期許，它能鼓舞我們上進，讓我們充滿希望，更使我們的生活有了動力。為了飛向理想，實現生命的目標，我們不能貪戀天空的遼闊，而任意飛上天。因為「想飛」，不只是「飛」，還要飛得「好」，飛得「遠」，為了飛到我們立定的理想，不只需要勇氣，更要擬訂計畫，認真的學「飛」，為「想飛」做足準備。

小鳥學習飛翔是經過一次又一次的練習，飛上一些，又跌落一些，最後才終於飛上青天。我們的成長過程，不也像幼鳥學飛一般，需要經過一次次的學習，一次次的跌倒，才終於成功。因此我們要有「想飛」的勇氣與企圖心，「一步一腳印」的耕耘與努力，「一次又一次的學飛」，不害怕失敗與挫折，讓自己能在夢想的天空，自由自在地盡情翱翔。（臺北市南湖國小老師）

## 評析

首先，在取材立意上，全篇夾敘夾議；論及「想飛」的世界，娓娓道來，充滿向上的理想，更充滿向高的企圖，展現生命的正能量。

其次，在組織結構上，一開始以激問破題，點出芸芸眾生的我們，都「想飛」，並說明寫「想飛」的好處。人在現實框框裡，想像在框框外，得以舒展、療癒，創造無限的可能，開拓美好的世界，邁向更遼闊的精神境界。第六段拉回現今狀況，因疫情關係，不得飛向國外，只能在國內飛，在精神國度飛翔。可謂「失之東隅，收之桑榆」，也是有好處。第七段由飛的期許，省思「想飛」不能亂飛，而要「飛得好」、「飛得遠」。第八段總結，揭示飛的過程，就是成長的過程；人生不怕跌倒，只怕倒了爬不起來。哀莫大於心死，要有想飛勇氣，一顆想飛的心。

　　最後在遣詞造句上，通篇善於鋪陳推衍。尤其對「想飛」，明白揭示要「飛得好」、「飛得遠」，並堅持「想飛」的毅力；娓娓剖析，鞭辟入裡。

## 題目七

來不及　　　　　　　　陳崑榮

　　三個骨灰罈放在靈堂前的桌上，一晶黑一淡綠一瓷白。

　　來不及問父親的意願，三兄弟沒人出聲，沒人敢斷然為父親決定最後的房舍，還是擲筊問了父親的意願。父親似乎毫不遲疑，三筊直言，選擇了晶黑的花崗岩罈罐。罈罐外鐫刻著金漆的心經，沉重中，帶著幽冥裡傳來，金聲玉振的梵音。父親的選擇，一如父親生前節儉的個性，他選擇了價錢最輕盈的花崗岩，即使是生命中最後的支付，也要為我們省下一筆不小的開銷。

　　正逢人類百年來的瘟疫大浪，避免萬一，一人染疫，全家遭遇到隔離的窘境。深怕有那麼一天，一旦隔離的我們眾目相交，彼此面面相覷，不知還有誰能走出家門，能親自送別父親最後的一程？因此，全家一週茹素，梵音祝禱，喪事簡樸。所幸父親為人和善，眾人親友溫暖了靈堂的寒氣，順利送完了父親最後的一里路。火化之後就葬在村外的水尾埔，那離父親的出生地，與栽培我們兄弟的「起家厝」不遠，想父親應可安然長眠，與他熟悉的土地

與記憶相伴。這也是我來不及問，在擲筊當下，父親一無懸念的叮嚀。

　　喪事後幾天，一位父親多年的摯友來訪，才知父親已經出殯，來不及為父親上香，心中無比不捨。他說，一知父親過世，當下不敢前來弔唁，深怕止不住，兩行淚水，沒想到，等到心情平復，怎知已經來不及參加父親的告別式。我聽著他硬朗的聲音，背後透出綿綿的無奈，不禁想著這來不及的事，對我來說，何止如此一件。父親前一年車禍，頸椎裂傷，原本希望父親身體康復後，能到日本走走。希望能完成母親的囑咐。父親幼年喪母，少年失學到臺北當童工，青年變賣祖厝，回鄉湊錢開間小店營生；那初期慘淡，連碗當歸麵線都是奢想……以及父親稍有積蓄，虧欠曾祖母一碗白米飯的遺憾，娓娓寫出；讓父親看看兒子為他記錄的人生章節。……

　　父親離開後，三兄弟談妥，每週輪流回雲林老家探望母親，和母親說說話，話話家常，陪伴獨居的母親。或許，還來得及，來得及將許許多多的來不及，在往後的日子裡點點滴滴，勉力減少。（臺北市老松國小老師）

## 評析

　　首先，在取材立意上，由骨灰罈的選擇切入，帶出父親節儉個性，為人和善，以及為人子對未能撰寫父親一生的憾事。風木之思，溢於言表。而結尾翻轉悲情，珍惜和獨居母親的時光，卒章顯志，終歸孝親之行。

　　其次，在組織結構上，以「今昔今」的結構開展，首段特寫三個骨灰罈。第二段寫「來不及」問父親身後事的骨灰罈。第三段言及父

親生前和善，眾親友前來送行致意。未決定好的安葬地，幸好在擲筊下，父親欣然同意。第四段述及父親摯友來訪，「來不及」參加告別式，有所遺憾。而自己深憾未完成母親囑咐，只能用筆描繪。第四段拉回眼前，正視當下。在「來得及」時多陪陪母親。揮別對父親的感傷，擁抱現今的溫馨，有所感悟。

最後，在遣詞造句上，作者善於捕捉畫面，諸多「來不及」和「來得及」的解決前後接續。最後筆鋒一轉，「滿目山河空念遠，不如憐取眼前人。」對獨居母親的關注，自是悲懷中的一抹暖色，引人共鳴同感。

## 題目八

### 1.那一刻，真美　　　　　易元章

攝穿大千，引空間解構捕魅眼；
影印永恆，察時間幽微勾靈光。

戀上攝影，隨鏡頭之流轉飄移，我墮入時間與空間的解構中……恍惚間，我已立在冰雪融融的華山上，一塊刻著「華山論劍」的巨石邊……。

眼前一幢幢險峻的山勢，好似盤石開天闢地之時掉落的頑石，幾乎不見芳草，原來國畫中陡峭嶙峋、寸草不生的山是「存在」的。此時，我遁入金庸鉅作《華山論劍》中，望見洪七公以降龍十八掌將天地渾圓劈削成半；王重陽以全真劍法，在騰盪勾挑間舞動，劃出一道道山形；而

歐陽鋒的蛤蟆功震天價響，汨出一曲曲彎流，是華山的通體水脈；段皇爺的一陽指逼得小松枝從容地探頭，妝點一細新綠；黃藥師的〈碧海潮聲曲〉，悠悠然引來雲霧縹緲，飄忽忽地讓華山在人眼角邊若隱若現。驀地，一縷紅霞鋪滿天際！將亮禿禿的山壁映照得好似關公的紅面具。那一刻，真美！

　　山上的天氣如川劇變臉，剎時間風雲變色！雖舉步維艱，但凜冽的北風狂魔也無法遏止我前進的意志，只為登上那差點讓韓愈失了魂魄的蒼龍嶺。零下五度的艱難試煉，舉相機的手掌有如戴上一副暗紫色豹紋手套，早已失了知覺。仰望蒼龍嶺，嶺脊如一條白通通的巨龍盤旋而上。登頂回眸，我彷彿在龍脊上泅泳，白花花的雪全成了一股清流，向山下狂馳！像極李白：「君不見黃河之水天上來，奔流到海不復回。」的波濤洶湧！那一刻，真美。而華山腳下的洛水，讓曹植在南柯一夢裡，望見洛神自洛水對岸點旋著凌波微步而來，因而寫下〈洛神賦〉中：「髣髴兮若輕雲之蔽月，飄颻兮若流風之迴雪。」形容其嫂甄宓「瑰姿艷逸、儀靜體閑」的絕世容姿。那一刻，真美！

　　此時，我看見一位男子背後揹著一張用竹子編成的一張竹椅，上面坐著一位老太太，雖然皓皓冰雪漫天，但是豆大的汗珠仍然禁不住重量，在男子臉頰邊似高空彈跳般地潸然而下。他在我身邊放下竹椅，對老太太說：「媽，到了！」母親輕輕走下椅子，拄著拐杖仍要替兒子擦汗，那一刻，母子親情如甘泉沖泡的一盞溫茶，在茶煙裊裊中，看見那位母親的慈容，彷若窺見觀世音菩薩的法相，

莊嚴、慈藹而覺悟有情。那一刻，真美！

人世間的美，都在親情、愛情、物情、關情之中體現。站在華山上，我感受到人間有情、山川有情、天地有情，萬物皆有情。我願悲、我願喜、我願捨、我願離、我願一切的悲喜捨離。因為，我在這裡，我一直都在這裡，我隱然在大千世界中謐藏這一切有情……。當你擁有的那一刻，轉瞬間，快門一按……停格，頓成美之恆遠！（新北市泰山國小老師）

## 評析

首先，就取材立意而言，由攝影出發，一機在手，捕捉華山空間氣象萬千，蒼龍嶺水流奔騰，洛水清絕，與親情相互扶持之四美。由景物而人，都是鏡頭下永恆的美感經驗，尤其第四種親情相互扶持之美，熠熠揚輝，最為動人。

其次，就組織結構而言，全篇以「總分總」照見四種美，以「那一刻，真美」加以銜接呼應。四種情境中，第二段是險峻山勢，結合金庸《射雕英雄傳》中「華山論劍」的生動聯想。第三段描繪蒼龍嶺的風雲變色，水流波濤洶湧，兼及華山下「洛水」的兩種美感。第四段勾勒男子用竹椅揹老太太上山，母親拄拐杖替兒子擦汗，是人間親情中最美的風景。

結尾收束「有情」二字，情之一字所以維繫乾坤，情與大自然「交會」，母子間親情自然「流露」，美感與發，剎那成永恆的回憶。

最後，就遣詞造句而言，全篇文字鮮活靈動，極具華彩，結合譬喻、擬人，在在發揮語言的新感性。尤其一開始對聯，分嵌「攝」「影」二字，更見對偶功力。

# 2. 那一刻，真美　　　　林雪香

　　十一月的天空，秋風飄揚，我們相約到武陵旅遊。當日陽光和煦，落羽松已變紅，白雲成群，陪著我們暢遊花海，鼠尾草、波斯菊搖曳，秋意無邊，令人心曠神怡，褪去厚外套的我們在大自然中奔跑嬉戲。

　　太陽西下，我們前往露營區露營，一些遊客早已架起爐灶烤起肉來。我們卻趕緊端起腳架面對遠方的北極星，準備長曝星軌攝影；霜露微降，一開始星星仍寥寥可數，我們邊小憩屏息以待；夜半時分，當我從帳篷爬出來看到滿天星斗高照與湖面相輝映的那時，真是心醉神馳，那情景無以名狀，令人永生難忘……

　　此時群星以無言的語言伴著北極星座，若以地球逆時方向的自轉，遙遠的星系也以 97 分繞地球一週的相對位置來推算，我跌入想像，連結出它們在這幾個小時挪移的軌跡，形成了不同大小的同心圓在腦裡縈繞，魔幻而詭譎；同時相機的小視窗，也已無法涵容整個蒼穹的大視野！遼闊宇宙數以萬計的星光明滅，恆星星系穿越 130 億年的光束洗滌長此以往的風塵，剎那間我宛如走入幻境，化身為天上的星星與日月星辰同生共存……。

　　我呆望著湛藍的星空許久，心靈逐漸沉靜下來，也回想起自己的這半生走來總有酸苦，面對這無窮盡的寰宇，霎時了解上蒼以無形珍珠賜給我種種生活磨難的啟示，值得探索；在浩瀚宇宙裡，諸事顯得微不足道，卑微如塵埃的我們多為渺小呀！塵世間困頓紛擾就更無須退拒耿懷，

正如今日星辰遠去，明日會再聚合，日新月異總能重新再
出發……。心扉一旦開啟，此刻的我，面對不斷流動的生
命，不再感到疑惑，知曉唯有聆聽自己內在的聲音，提升
自我，努力過好當下，人生自然歡喜自在。

東方將白，我仰望向我貶眼的星星，感謝祂邀我參加
這場盛會，默禱今生能以有限生命，豐存能量，不停發光
閃爍！二〇二〇年十一月，我與星空有了一場邂逅，那一
刻真美！（臺北市民生國小退休老師）

## 評析

首先，就取材立意而言，作者捕捉二〇二〇年十月在武陵的星空
邂逅。夜半群星燦爛滿天，想像廣宇悠宙的遼闊，不禁有移情作用的
出塵之思。回顧今生，更有「寄蜉蝣於天地，渺滄海之一粟」的凝定
與自在。星空邂逅，亦是內在成長之旅。

其次，就組織結構而言，本篇為「敘論」結構，由景而情，由事
而理。第二段自露營區架起高倍望遠鏡，捕捉星空之美。第三段由眼
前景緻加以擴大想像置身蒼穹視野，廣宇悠宙，心遊神釋，融入日月
星辰中。第四段自湛藍星空高度，一覽今生的渺小，似乎心靈重新洗
滌，抖落塵埃，別有會心。第五段收束點題，在與星空「美的邂逅」
中，期盼自己也是一顆發光發亮的星。

最後，就遣詞造句而言，第三段的異想世界最具清澈知性，第三
段的反身自視，湧現客觀覺察與省思，行文自然曉暢，娓娓道來。

## 題目九

### 可貴的合作經驗　　　何佳玲

　　如果讓我再一次選擇，我還是會堅持參加科學展覽，即使那次的無中生有經驗讓我嘗盡苦頭；如果再讓我挑選一次合作的夥伴，我依然會找芸和瑄這兩位好友，哪怕我們的友誼會從親密降到冰點，從冷戰又驚險地找回我們對彼此的信任……

　　國小時期我就有參加科學展覽的經驗。那時我們團隊在初選就勢如破竹，一路過關斬將打進全國不分區比賽，在五十組強勁對手中，取得佳作好成績。所以上了國中，學校一公告科展校內甄選比賽辦法，我就迫不及待的和我兩位摯友芸和瑄約好，接受挑戰。卻不知，這是個噩夢的開始。萬事起頭難，我們多方蒐集資料，設想一個特別又吸引人的主題，從生活科學到物理空氣砲原理，每提出一個，都被指導老師退回。老師對音頻的研究比較感興趣，希望我們按照他的方式擬大綱、做實驗，可是身為組長的我，不甘被老師想法框住，仍鍥而不捨地挖掘其他主題的可行。我花了很多時間在鑽研，無瑕顧及課業，再來就是在討論工作與分配上，組員各有各的想法，同組卻不同調，執行起來困難重重。有天在教室，溫和的瑄就勸我，先以老師的題目著手試試，說不定會激盪出新的創意；直爽的芸就不這麼客氣，她直截了當的說，題目再不確定，

實驗再不進行，她就不玩了！遇到組員不相挺，熾熱的心，瞬間被澆了一盆冷水！

屋漏偏逢連夜雨，等我妥協要跟著老師腳步，訂下研究主題，段考到了，我們只好暫時擱著，全力應付考試。考完後，準備展開一連串的實驗，又碰上了個大難題——學校沒有器材可以調音頻！求助老師，老師也只有聳肩，一臉愛莫能助的表情，我好氣憤。什麼嘛，難道一切心血都要白費了嗎？看著比賽截止日期，剩下不到兩個星期，我難過得躲在實驗室大哭，邊哭邊不斷怨天怨地怨別人，也怨自己。芸和瑄見狀，趕忙來安慰，她們真的是我的好朋友啊！我們前一天才因理念不合爭辯，鬧得不歡而散，今日我情緒崩潰，無助地坐在這，她們除了在旁柔聲安撫我，眼眶也跟著泛紅。

由於有時間壓力，我們不想放棄參賽，我靈機一動，想到國小時參展的主題，可以改變探討的方向，從食品添加物入手，來調查市面販售的飲料是否清楚標示。有了上次三個抱在一起哭的經驗，這回團結一心，我做統籌，芸負責查文獻資料，瑄則設計實驗流程與表格，最後趕在交件前一天，有驚無險地交出比賽報告。

沒想到我們不完美的報告，竟然獲得評審老師青睞，通過校內初選，代表學校參加縣市競賽。也從縣市競賽中，贏得化學組優等的成績！「三個臭皮匠，勝過一個諸葛亮。」我們這些個臭皮匠，在被時間追趕的壓力下，完成不可能的任務！這次難能可貴的合作經驗，不僅讓我們的友情更堅固，也讓我們在國中生涯，劃出璀璨美好的回憶！（新北市集美國小老師）

**評析**

　　就取材立意而言，本篇聚焦國中「可貴的合作經驗」，題眼在「可貴」，表示不是一帆風順，而是出現狀況，狀況連連，讓小組長的「我」終於淚崩。幸好摯友不再有心結，彼此通力合作，另起爐灶，柳暗花明，在沒有指導老師的奧援下，開低走高，獲得好成績。

　　其次，就組織結構而言，採「今昔今」結構。第一段「今」，第二、三、四段前半是「昔」，四段後半「今」。全篇以昔日和摯友的合作經驗為主軸，一開始，指導老師不認同，題目不能確定，夥伴芸也不相挺。接著，妥協做指導老師「音頻」題目，學校沒器材，指導老師不予支援，終於淚灑實驗室。繼而，另起爐灶，改為「食品添加物」研究，孰料喜出望外，獲得佳績。

　　最後，在遣詞造句上，全篇緣事而發，樸實敘述「一波三折」的科學展，真是「寒天飲冰水，點滴在心頭。」幸好沒被困境打倒，三人同心，有驚無險完成，也驚喜獲得甜美果實，應是今生難忘。而所謂「可貴」的合作經驗，即三人相互成全，手連手，心連心，讓國小、國中的友誼能通過不可能任務的考驗，歷久彌新，「難能可貴」的經驗，將如亮澄黃金，成為回憶中最燦爛的顏色。

# 題目十

## 從陌生到熟悉　　　　呂汶玲

　　人的一生中，總是不斷地經歷從陌生到熟悉的經驗，這些經驗伴隨著我們每一個階段與生命的過程，豐富了我

們的生活，也開啟生活全新的體驗與視野。

　　一個人從呱呱落地就開始經歷陌生，全新的環境、全新的人、事、物，無一不感到陌生。然而，透過一次次的探索與嘗試，我們開始學習，去體驗事物帶給我們的感受，享受體驗過程的美好與失落，從啞啞學語口齒伶俐，從互不相識到成為莫逆之交。依循著這規則，一次又一次的成長，擴展生活的經驗與能力，朝著更進步更卓越的自我前進。

　　反之，若害怕陌生而止步，蜷縮於自己安全的堡壘中，如同故步自封，無法與外界的新知接軌，最後只能將自己侷限於封閉狹小的空間，猶如井底之蛙。陌生並不可怕，可怕的是沒有突破陌生的決心與勇氣，經驗陌生雖然可能會無助或沮喪，但若能把握每一次的嘗試，逐漸熟悉，終將會嘗到甜美的果實，即使熟悉後的結果不如人意，但透過嘗試通往熟悉的過程，本身就是最有價值的歷程，熟悉後的自我了解，不也是一種意義的追尋嗎？

　　老馬之所以能識途，是因為無數經驗的累積；老師傅之所以技術高超，是因為經歷千錘百鍊的磨練，沒有人是一蹴可及的，都是透過從陌生到熟悉的過程，達到盡善盡美的境界。要想達到熟悉的境地，先要勇於跨出步伐朝向陌生，若陌生為始，熟悉為終，堅持、努力就是通往終點的最佳方法。

　　人的一生本就是從陌生到熟悉的過程，每一次的過程都是有意義而珍貴的，是個人生活經驗的累積，是個人生活視野的開拓，更是個人生命價值的追尋。（桃園縣龜山鄉幸福國小老師）

## 評析

　　從「陌生到熟悉」，可以寫記敘，也可以寫議論。大抵記敘個人生活經驗，比較容易；要總論人生的共相、分相，則較難。

　　首先，就取材立意上，本篇肯定「從陌生到熟悉」的必然，這是成長的過程；而真正的成熟，則不畏懼任何陌生的挑戰，陌生是一塊試金石，可以把一個人磨亮，綻放光輝。

　　其次，在組織結構上，本篇以「總分總」結構開展，第二段正面接受成長的進路，第三段反面剖析「害怕陌生」的缺失。其中「陌生並不可怕，可怕的是沒有突破陌生的決心與勇氣」兩句，最為精彩。第四段再申論「始於陌生」「終於熟悉」的必要，只有化陌生為熟悉，才能臻及真善美的境界，才是人生追尋的意義所在。

　　最後，在造句上，通篇清新活潑，善於譬喻（「猶如井底之蛙」）、頂真（「陌生並不可怕，可怕的是沒有突破陌生的決心與勇氣」）、舉證（「老馬」、「老師傅」），行文生動有致。

## 題目十一

### 1.捨不得　　　　　　　　陳秀虹

　　春風捨不得花草；夏雲捨不得大海；秋楓捨不得枝葉；冬雪捨不得大地。世間的捨不得都是情絲無形的牽引，一絲未斷，一絲又起。嬰孩時期捨不得玩具壞掉與父母分離；求學時期捨不得與好友分開；長大成年又更多捨不得了，這些捨不得絲絲縷縷交織成一張生命的塵網。

　　尤其當了媽媽之後更是如此，捨不得心肝寶貝餓；捨不得寶貝受寒、受傷、受苦，捨不得他們可愛的模樣漸漸逝去，執念綑綁我的心，猶如枷鎖般，讓我裹足不前，親子衝突與日俱增。我用我的思維，管教著孩子、牽絆著孩子，不想面對孩子已經慢慢長大的事實，孩子的容顏已變，有自己的想法，而當媽媽的我卻還是把他們當小小孩看待，希望他們照著我的腳步走，順著我，以後才有美好的未來，孰不知這樣親子之間的鴻溝繼續擴大。孩子劍拔弩張，爭吵變成家常便飯，小小的嘮叨轉化成大大的不耐，我的心流淌著淚水，望著天看著地，呼喊著我該怎麼做？

　　尋求多方管道，想找到與孩子和平共處的出口，靜下心來，我終於發覺原來我的初心早已被捨不得覆蓋，就像我們常常捨不得丟棄物品般，不斷堆積，最後看不到家的原貌，東西雜亂，心也跟著亂了。由於我的私心，不忍放手，造成孩子的不諒解，苦了他，也痛了我，正如《清靜經》所言：「煩惱妄想，憂苦身心。」我真心並不想要這樣，我愛著我的寶貝，我想讓他變得最好的，可是卻把孩子推得更遠。現在，我決心改變，我先放下我的妄心，用我的真心看待我的孩子，我們都是帶著愛而來的，這是我們的功課，我要在愛裡圓滿它。

　　孩子是一株幼苗，陪伴著他長大是我可以做到的，現在他也得要自己承受風吹日曬雨打了，如此才會變得更加堅強，長成頂天立地的大樹，此刻，把握當下，把握與孩子相處的時光，讓捨不得化為值得，讓我的付出是「愛」而不是「礙」，讓愛在我們之間暖暖流動。（新北市積穗

國小老師）

## 評析

　　首先，在取材立意上，以母親視角，檢視養兒育子中的感受。由「捨不得」慢慢走向「捨得」，由「不放手」體會「放手」的必要。在「你的孩子是你的孩子」與「你的孩子不是你的孩子」中，不得不湧現清明的知性。

　　其次，在組織結構上，本篇採「總分總」結構。首段總括生命塵網，有諸多「捨不得」，以排比方式展開，由景至人。第二段述說當了媽媽的捨不得。做媽的只有擔心，沒有放心；而太多的擔心，反讓母子間有了裂縫，和諧的世界漸漸失去。第三段做媽的由主觀，走向客觀，「捨不得」是雙面刃。只有「捨得」的放手，才是母子間的「相互隸屬，而各自獨立」。第四段指出「捨不得」是愛，「捨得」也是愛；親情之愛，有捨有得，有愛無礙，正是親子相處的藝術，也是生命成熟的智慧。

　　最後，在遣詞造句上，本篇善於排比（「春風」、「夏雲」、「秋楓」、「冬雪」），譬喻（「猶如枷鎖」、「就像常常捨不得丟棄物品般」）、引用（《清靜經》）、雙關（「愛」與「礙」同音），並正視不能以「愛」之名，妨礙孩子的獨立，也妨礙自己「捨不得」的執念。可謂言之有理，掩卷有味。

## 2.捨不得　　　　　　　　　　陳秀青

　　車子緩緩開動了，母親的身子依然直挺挺的佇立在原處，望著那漸行漸遠的客運車影，那捨不得的眼神與面容，直直的觸動著女兒的心。女兒在車裡頻頻回頭看著那

捨不得女兒的媽媽，眼淚靜默默的流下。那是不捨的感恩之淚，也是想念。她感恩著，感恩著每次假期結束，當她從草屯北上，母親總是親自從鄉村田園間，載她到鎮上去搭車，然後陪伴著女兒等車，直到女兒安全搭上車，她才放心離去。這是一份捨不得的親情，是媽媽對我的愛，是我的人間幸福！

從臺中請調至臺北任教這二十幾年，每當回家看望父母家人，是我享受溫馨親情與充電愛的能量的旅程。家鄉的藍天、白雲、山嵐、田園、清風，一切都那麼的平靜、自然，理所當然。而雙手合十是我對所有來到我眼前美好景境的禮敬表達，我感恩著家鄉土地的芬芳，家鄉父母的愛，就在那裡，一直都在！

猶記國中時期晚自習結束，騎著腳踏車回家時，需得經過一大片黑漆漆的鄉間田園，心裡著實感到害怕；但當我聞到淡淡野薑花清香時，心裡就安定了，微笑著。因為我知道，就在野薑花田邊，有一盞最溫暖的車燈在等待著我，那是媽媽點燈照亮我心的牽掛。媽媽擔心我們路黑看不清鄉間小路，總會在最準確的時間出現在田邊安住我的心。這是媽媽對子女的一份捨不得，不忍孩子孤單害怕；當我看見媽媽在，我就安心的騎在前頭，媽媽打著車燈慢慢騎在後頭跟著我。那是最美的一條通道，也是最光明的方向指引；媽媽的這份捨不得，成為我帶著微笑勇敢往前走的一股動力，是媽媽暖心的靈魂光線，守護了我！

蔣勳老師曾說道：「人間有情，如此萬般眷戀，你會捨得呢，還是捨不得？」對於情感，我有著深深的捨不得！而物品捨不得，亦皆是因為情！慈悲地藏王菩薩因捨

不得眾生在人間火宅受苦，而發下「眾生度盡，方證菩提；地獄不空，誓不成佛」的大願。在洪荒自然裡，我們看見生命不同的修行，我們與一切有情眾生，領會著人生中的難捨與捨得。

我們渴望出走去體驗人生，但在遠行與回歸間，也在尋找生命的意義，在愛裡尋找生命的力量。那些生命裡捨不得的，都是與幸福的相遇；幸福，就是靈魂最真切的思念。而人生中所有這些的捨不得，都是因為珍惜，珍惜這份情，珍惜這份蘊藏在心靈深處的愛！

## 評析

就取材立意而言，本篇聚焦親情的「捨不得」，捨不得中，看見母親的深情，湧現自己的感恩。母親對子女的擔心、呵護，都源於捨不得，在黑暗中成為最安定的力量，撫慰成長的女兒。「捨不得」是最深的感性，也是最深的知性，不捨、難捨都是感性的極致，源於珍惜與母親的情緣，銘刻心底。

就組織結構而言，本篇五段，採「敘論」結構。第一段描述母親車站送別的畫面，歷歷在目。第二段論及親情的召喚，強烈聯繫草屯和臺北的空間，二十年來給我能量。第三段再敘國中晚歸的畫面，母親騎車守候，明亮的車燈，照亮當時也照亮現在。第四段論「捨不得」的深情悲願，其實可以再多加著墨。結尾肯定「捨不得」的真諦，不是因為執念、看不開，而是親情之愛的珍惜，珍惜與母親的今生情緣，永誌弗諼。

就遣詞造句而言，本篇引用蔣勳、地藏王菩薩的智慧語，值得發揮。而如何「難行能行，難捨能捨」，則是這輩子要修的功課，誰也無法閃躲。

### 3.捨不得　　　　　　　　　　謝子涵

　　從十一樓空中向下俯瞰，川流不息的車潮，將城市風華絕代的姿態，襯托得更加鮮明動人。一望無際的視野，理應讓人擺脫鎮日的喧囂與煩悶，唯！嘆息悄然佔據了整室的狂野，傾訴著如江水般悠悠的孤寂……

　　偌大的病房猶如困蟄的幽暗洞穴，僅只擺放了兩張床和兩張椅子，一切的一切，在淡漠的日光燈映照下，更顯抑鬱。此刻，腦海中閃過《易經·繫辭下》中：「尺蠖之屈，以求信也；龍蛇之蟄，以存身也。」我恍然大悟，原來潰敗山倒的身軀，是為了讓我喘息以待，煞費苦心阻斷我一再逞強自我的無奈；驟然出走的健康，是為了讓我停下腳步，拼盡全力扭轉我一再透支生命的荒唐；敵我不分的免疫，是為了讓我警醒振作，孤注一擲拯救我一再揮霍精力的謬妄。

　　即便捨不得，這一刻，大病未癒的我，清清楚楚的了解：必須勇敢放手那個狂妄自大的曾經；即便捨不得，這一刻，鬼門關前走一遭的我，明明白白的體悟：必須斷然拒絕那個無所不能的想望。過往，太多太多的「捨不得」，換來的竟是「捨」而「不得」……

　　盲目追逐耀眼光環下的成就非凡，我捨不得歇息片刻，卻「捨」了健康，而「不得」安生；為了贏得他人口中的感激之情，我捨不得停下腳步，喘息片刻的傾聽內在渴求，無疑「捨」了自我，「不得」安寧。一場危及性命的病，喚醒了沉潛於困境中，那個真實的自我。

　　啊！原來，有捨才有得！暫時的委屈蟄伏，是將來一
展抱負的等待。

## 評析

　　首先在取材立意上，聚焦自己身處空中病房的感悟。充分體會
「捨不得」的針貶深意。自己的「捨不得」竟成「捨」了健康，「不
得」安寧、不得安生的事與願違，終於讓自己有深刻的領悟。原來
「捨不得」，是我執、虛妄；只有「捨得」、「有捨有得」才是豁達朗
暢，才有究竟的希望。

　　其次，在組織結構上，通篇由景而情，由事而理，檢視反思，看
清自己的盲點。第三段洞悉「捨不得」的下場，是「捨」而「不得」，
適成反諷。第四段照見自己太「捨不得」，結果付出慘痛代價。不能
不「記取教訓」，走出困境，重新調整生活的步調，生命的新方向。
結尾，拈出「捨不得」深旨，其實是「有捨有得」，方能破妄顯真，
有所突破。

　　最後，在遣詞造句上，本篇善用譬喻、映襯，進而引用《易經》
智慧語，體會「能伸能屈」的真諦。而「捨不得」的析詞，指出「捨
而不得」的我執，最為精到；析理深刻，一新耳目。

## 題目十二

常常，我想起那雙手　　　　曾期星

　　每每在人生遭遇到困境，常常想起一雙曾經越過不知
多少寒冬，依然領著我前進的手，如今想來，當中的情節

又咬痛我過往的記憶。

　　母親在最好的年華遇見父親，贏得婚姻後，隨即跟著父親開設貨運行，因此母親經常牽著我的童年，遊走在各大運輸據點，協助家中的事業。然而，好景不常，為了家計，母親將我的手交給鄉下外婆，自己原本細嫩白皙的手，投入日以繼夜的家庭代工，自此那雙手開始爬滿生活厚繭，漸漸掩蓋昔日光滑、似乎帶點宿命的掌紋。

　　母親的工作，經常要舉起鐵槌打擊，將五顆珠子打進一個插銷，完成一個插銷值五毛錢，在父親事業失敗後，幾乎是母親每天一人獨自用盡力氣，從早到晚，在狹小的斗室間敲開家中的經濟。當時，我並不知道每一聲都是母親對命運絕不言輸的吶喊，但我卻曉得，每一聲的敲打都成了我日後難以忘懷的暮鼓晨鐘。

　　記得，有一次，母親因為連日的疲累，不小心敲到自己的手，只見腫脹的左手立刻佈滿整片的血絲，母親強忍著痛，特別叮嚀我立刻為她擦藥，打算包覆好後持續進行一天剩餘的工作。當我觸摸到母親的手，發現為了生活鏗鏘的厚繭幾乎覆蓋了她過去光滑的掌紋，那一刻，我的雙眼瞬間模糊，不禁落下淚來，沒想到母親竟在喊疼的當下，用另一隻手擦拭我眼角的淚水並笑著鼓勵我，在婆婆的淚眼中，我看見母親的喜悅和溫柔，更看見母親的面容如繁星閃閃，好美，微笑時更美，彷彿周遭的一切都明亮了起來。

　　後來，常常我想起那雙手，那雙充滿回憶且賜予我強大力量的手，我因愛懂得，因懂得而不忍，因不忍而學會珍惜。（新北市蘆洲國中老師）

## 評析

　　首先，在取材立意上，聚焦母親原本細嫩白皙的手，隨著父親事業失敗，投入家庭代工，扛起家中經濟，那雙手如今爬滿厚繭。母親不小心敲打到左手，囑咐自己幫她擦藥包紮；母子近距離接觸的畫面，淚中帶笑，是回憶中的痛點與亮點。而自己也慢慢懂事起來。

　　其次，在組織結構上，全篇以「今昔今」結構，述說對母親那雙手的感知、感染與感悟。第二段述及母親協助家中事業，進而撐起家計，在家庭代工中，雙手爬滿厚繭。第三段細說代工的細節，「聲聲敲」是家中經濟的敲響，也敲在兒子心上。第四段為全篇精彩處，母親左手流血腫脹，右手幫兒子拭淚。為母則強，母親含淚的微笑，展現韌性的堅強。結尾回至眼前，有所感悟、珍惜無法割捨的親情。

　　最後，在遣詞造句上，作者善於白描，捕捉畫面細節，通篇兼用譬喻（「每一聲的敲打都成了我日後難以忘懷的暮鼓晨鐘」）、擬人（「咬痛我過往的記憶」、「爬滿生活厚繭」），發揮語言新感性，讓人感同身受。

## 題目十三

### 我在成長中逐漸明白的一件事　　邱昭榕

　　寒風漸起，加上東北季風帶來的雨，打落了一地的葉。校園中原來茂密的綠意，轉眼間也稀稀落落。楓香枝頭更只剩幾片殘葉，風雨中飄搖，彷彿隨時被雨打落、隨風飄離。站在走廊上遠眺的孩子以發現新事物的口吻說

道：「它怎麼沒有葉子呢？光頭樹！光頭樹！」楓香一如往常般佇立在校園的那個角落，隨著時序轉移而靜靜變化面貌。

　　隨著月昇月落，匆匆更迭的不僅僅是草木榮枯，自然界的一切皆是如此變化！雖然我們每天面對同一顆太陽，但日日上升與落下的角度就是有些微的改變；而月亮的陰晴圓缺，更是連小學生也須理解的規律。在我們的生活中，四季輪替，隨之自然發生的變化不勝枚舉。地球，養育我們與萬物的母親，每天繞著太陽不停的自轉與公轉，日日月月歲歲年年，將它所乘載的全部，悄悄打造成永遠不同於昨日的模樣。我們每天都在「變化」中生活成長，每日都在「變動」中尋求生活的安定。每日的「變」已成為我們生命中的唯一的「不變」！

　　從古至今，多少人企求自己青春永駐，長生不老？多少人希望從此一帆風順，平步青雲？彷彿人們只要帶著虔心祝禱，上蒼可以使時間就此停止，讓好運就地停留。只是從古今中外歷史來看，人們再多的努力也阻止不了時間的腳步，無法控制變化不發生在自己身上。曾經一顆單純且堅定的心，相信只要自己夠努力，「人定勝天」的奇蹟也能產生在自己的生命之中。但隨時間而逐漸成長，終於了解平凡的我沒有辦法控制突如其來的變化，也沒有過人的能力將次次面臨的挑戰轉變為順理成章的成功。只能跟隨時間的腳步，順應日復一日的不同，將它施予我身上的變化，轉變為生命成長的動力，努力做個理想的自己！

　　世上所有萬物無法抵擋時間刻劃在身的痕跡，也無法控制突如其來的變化是否符合預期狀況。面對這掌握生命

的無形力量，「坦然以對」是我們所能做的最佳行動，將種種人世的變化視為最真切的道理，促使生命不斷成長的最強動力！一如那棵佇立在那角落的楓香，靜靜的接受時間帶給它的變化，慢慢的成長，承接它身為一棵樹的使命，發揮它生命不可取代的價值。（基隆市七堵國小老師）

## 評析

首先，在取材立意上，由校園幾近光禿的楓香出發，直指「逝者如斯」，在時間的推移中，一切都在變化，往好的地方變，也往不好的地方變。放大視野觀古往今來，「人定勝天」是人類的自誇，只有「天人合一」才是應有的心態。因此，人生在世，自當「持平常心」、「做本分事」、「成自在人」，才是生命成長的真諦。

其次，在組織結構上，採「景情景」結構，在「實虛實」的開展中，首段指出寒冬時校園的楓香落盡殘葉，等待四季輪替，春日將來。第二段眼光擴大，由楓香至大自然，都在時間的推移中，不停變化。「年年歲歲花相似，歲歲年年人不同」，日常生活裡，只有「變」是「不變」。第三段縱觀古往今來，再怎麼「大人物」、「小人物」，無不在「成住壞空」的「變」中不停流轉。第四段由大自然回至人世，再回至首段的楓香，提出「成長中明白的一件事」，是「面對它、接受它」的坦然以對，人生沒有閃躲，只有向左走，向右走，反正向前走；走一步，算一步，越走越進步。

最後，就遣詞造句而言，本篇善於運用意象「楓香」，藉由「楓香」的首尾呼應，指出生命是用來完成使命。楓香有它的任務，屹立校園，吾輩亦當在時間推移中追尋自己的價值，做更好的自己。

# 題目十四

生活中教會我的事　　　張文霜

　　因為業務的關係接觸到小田園，從一個不喜歡碰泥土的「臺北俗」變成一個喜歡耕種的人，其間的變化真是耐人尋味。未曾碰過農事的人，到對小田園產生極大的興趣，進而對這片土地產生認同的情感；看著植物從無到有，從種子到幼苗，並見證其成長苗壯，產生旺盛的生命力；在在感受到生生不息的循環，體會到自然界生息循環在大地上行吟的旅程。

　　在耕種的過程中，常因為水源灌溉的問題感到困擾。有一次為了水源的問題，灌溉系統做了更動，結果造成三樓平臺氾濫成災，地面上積了很多水，正感覺頭痛時，突然看到水中倒影，整棟大樓倒映在水中，形成一幅鏡花水月的景象，頓時有感而發，想到國文課本上的：「庭中如積水空明，水中藻荇交橫，蓋竹柏影也。」所言不虛；同時也在這次經驗中感受到：「這世上不是沒有美，而是缺少發現。」日子常在忙與盲之間匆匆流逝，如何在繁忙的生活中去尋找一些小確幸，那就要看你自己了，日子是可以過得不一樣的，正如〈記承天寺夜遊〉中所提的：「但少閒人如吾兩人耳。」

　　檯頭仰望天空，竟是如此美麗，《金剛經》偈語：「一切有為法，如夢幻泡影，如露亦如電，應作如是觀。」冷

靜想一想，所有的不快樂，但這一切都是「心」的作用。一切有為法就是我們起心動念，在俗世塵務中所發生的一切，其實如夢幻泡影，應該放下一些「我執」；而人與人之間常會有許多糾葛，很多事如露亦如電，應該隨風而逝，第二天再去看原來地方，不見積水，更難尋找當日的大樓倒影，人生亦如是，沒有過不去的事，只有放不下的心，這時主任正好從對面巡堂走過，想起他跟我常說一句話，「凡事不要太認真，認真你就輸！」旨哉斯言！這就是小田園教會我的事。（臺北市明湖國中老師）

## 評析

首先，就取材立意而言，緣事而發，藉由頂樓耕種的經驗、小插曲，述說諸多體會。全篇提出生活中的啟示，循序漸進，有所發現。而真正的關鍵，就是「心」的調伏修正。

其次，就組織結構而言，全篇採「敘論」結構。第二段述說三樓平台灌溉系統出問題，積水一片，卻是蘇軾〈記承天寺夜遊〉的錯覺美感。美，無所不在。結尾第三段，由俯視改為仰望，仰望天空，乍見「空」的召喚，世事因緣合和，瞬間變化。太執著、太認真，反成不美。修「心」是更高的啟示。

最後，就遣詞造句而言，行文清新流暢。善於引用名言佳句（如：蘇軾、羅丹、《金剛經》），並印證主任的耳提面命，對生活中教會我的事的，能細加感受體會，別有會心。

# 題目十五

## 夢田　　　　　　　　　鄭如真

　　小小的電視螢幕裡，靜靜的躺著兩行平平整整的文字：「有人渴望與眾不同，但他們卻渴望與平凡人一樣平凡。羅慧夫……」沒有聲音的宣言，卻比聲音更震撼，更令人心悸，自心底最深處，幽然浮出一陣陣襲人的寒。是哪個造物精靈捉狹地弄翻的基因的桶子，讓他們至人世間無聲地翻滾一遭，便又要寂寂地消失？

　　當窗外孩童的嬉鬧聲混著春草的芬芳，四面八方的湧入屋內，屋內的眸子裡，流露的卻是怯生生的羨慕，那一雙小腳緊黏在地，滑不出陰暗的歲月。這樣小小的心靈裡，可有一方田地容得下別人異樣的注視？不，應說是歧視。當別的孩子駛著裝滿夢想的小船，航向春日的草原，夏日的池畔，秋日的落葉和冬日的暖陽，他們的小舟，又將停泊何方？

　　身為一個正常又平凡的人何其有幸？在滾滾紅塵裡，我是一顆不起眼的飛砂。風兒揚起時，便開展生命的旅程，追逐下一個驛站。因為有夢，注定了一生的尋覓；因為有夢，即使漂泊也讓我不虛此行。人生有夢，何其有幸？

　　不平凡的人嚮往平凡，平凡的人卻又渴求不平凡。這是怎樣一個耐人尋味的哲學？初春的陽明山，宛若一座花

城。紅的花、白的花、澄的花，朵朵嘶磨著昨夜露珠的纏綿。煙嵐繚繞、宛若仙境。繽紛的花海，佔據了遊人的目光，遊人忘情於花朵的美麗，卻忘卻了她身旁覷睨的綠葉。你曾見過一株花與葉同色的「花」嗎？同樣的一顆種子卻成就了兩種不同的角色，是葉的包容凸顯花之動容，妳怎能虛榮的獨占光采，而忘了與同株的葉分享？且讓陽光回到陽光不到的國度，讓世界不再有憾！（台南市文元國小教師）

## 評析

就取材立意而言，「夢田」是「種桃，種李，種春風。」隨著不同因緣，人生有夢，築夢踏實；也有夢中說夢，兩重虛幻。作者自不同風景的共構，不同角色的扮演，展開更大的視野；由事至情，搖曳大自然的理蘊。

就組織結構而言，本篇以「敘論」結構，首段點出主旨，照見「平凡」、「不平凡」兩種生命型態。第二段謂有的小孩生於斯世，沒有選擇的自由，只能命定接受。第三段揭示人只要生得正常，即使平凡，何其有幸。只因為可以有夢想。第四段結尾對兩種生命型態，加以思辨，生命是花與葉的並存，陽光與陰影的共構。

就遣詞造句而言，本篇善用同異詞，「注視」、「歧視」，比較世人不同的眼光；其次善用回文，所謂「不平凡的人嚮往平凡，平凡的人卻又渴求不平凡」，正是生命形態的互動變化，引人內省深思。

# 附錄一 ●●● 作文教學設計

張春榮 編

| 指標 | | 教學法 | 題目 |
|---|---|---|---|
| **觀察力** | 重點觀察<br>相關觀察<br>順序觀察<br>變化觀察 | 問答法<br>問答法<br>引導法<br>視覺智能<br>多元智能 | 最喜歡的人：長相？住在什麼地方？<br>我最喜歡的一幅風景畫<br>上學途中、放學後、回家<br>葉子的顏色、海的顏色<br>小蝸牛、我家的寵物 |
| **想像力** | 接近聯想<br>相似聯想<br>相對聯想<br>因果聯想 | 聯想法、組合法<br><br>矛盾法、強迫組合<br>法 | 圓的聯想、長和圓的聯想<br><br>當張飛遇上岳飛、當白雪公主遇到砍<br>櫻桃樹的華盛頓 |
| **想像力** | | 讀寫、因果法<br>示現（回憶、懸想）<br>示現（預言） | 太陽雨、龜兔賽跑第二回<br>一張舊照片、意若思鏡<br>遇見三十年後的我、當我漫步在月球 |
| **思維力** | 分析式思考<br>比較性思考<br>歸納性思考<br>演繹性思考 | 6W<br>6W<br>逆向思考<br>批判思考<br>雙向思考 | 我發明了一種藥、一種交通工具<br>為別人的快樂而活、體諒別人的辛勞<br>有錢的缺點、美女的缺點<br>愛之船：L、M、S、B四人的優缺點<br>來到生命轉彎的地方、鐘聲響起 |
| **表達力** | 正確<br>靈活<br>豐富<br>細緻<br>新穎 | 映襯（對比）<br>譬喻<br>轉化（擬人）<br>仿寫<br>擴寫<br>縮寫 | 小號媽媽大大的愛<br>生命像一盒巧克力<br>肚子寫給嘴巴的信<br>失鳥記、幽谷、櫻桃的滋味<br>一句話的啟示<br>我最喜歡的廣告金句 |

# 基測作文評量與創造力

資料來源：教育部
張春榮 編

| 等第 | 級分 | 思維 | 基測作文評分標準 | 創造力 | 異稱 |
|---|---|---|---|---|---|
| 高表現 | 六 | 形象思維 | ・立意取材：<br>能依據題目及主旨選取適當材料，並能進一步闡述說明，以凸顯文章之主旨。<br>・結構組織：<br>文章結構完整，段落分明，內容前後連貫，並能運用適當之連接詞聯貫全文。 | 獨創力 | 新穎<br>深刻 |
| | | | ・遣詞造句：<br>能精確使用語詞，並有效運用各種句型，使文句流暢。<br>・錯別字、格式及標點符號：<br>幾乎沒有錯別字及格式、標點符號運用上之錯誤。 | 精進力 | 協調<br>細膩 |
| | 五 | | ・立意取材：<br>能依據題目及主旨選取相關材料，並能闡述說明主旨。<br>・結構組織：<br>文章結構大致完整，但偶有轉折不流暢之處。 | 流暢力 | 多樣 |
| | | | ・遣詞造句：<br>能正確使用語詞，並運用各種句型，使文句通順。 | 變通力 | 靈活 |

| 等第 | 級分 | 思維 | 基測作文評分標準 | 創造力 | 異稱 |
|---|---|---|---|---|---|
| | 五 | | ·錯別字、格式及標點符號：<br>少有錯別字及格式、標點符號運用上之錯誤，不影響文意表達。 | 變通力 | 靈活 |
| 中表現 | 四 | 抽象思維 | ·立意取材：<br>能依據題目及主旨選取材料，但不能有效地闡述說明主旨。<br><br>·結構組織：<br>文章結構稍嫌鬆散，或偶有不連貫、轉折不清之處。<br>·遣詞造句：<br>能正確使用語詞，文意表達尚稱清楚，但有時會出現冗詞贅句，句型較無變化。<br>·錯別字、格式及標點符號：<br>有一些錯別字及格式、標點符號運用上之錯誤，但不至於造成理解上太大困難。 | 邏輯性 | 嚴謹<br>條理<br>通順 |
| | 三 | | ·立意取材：<br>嘗試依據題目及主旨選取材料，但選取之材料不夠適切或發展不夠充分。<br>·結構組織：<br>文章結構鬆散，且前後不連貫。<br>·遣詞造句：<br>用字遣詞不夠精確，或出現錯誤，或冗詞贅句過多。<br>·錯別字、格式及標點符號：<br>有一些錯別字及格式、標點符號運用上之錯誤，以至於造成理解上之困難。 | 邏輯性 | 局部<br>缺失 |

| 等第 | 級分 | 思維 | 基測作文評分標準 | 創造力 | 異稱 |
|---|---|---|---|---|---|
| 低表現 | 二 | | ・立意取材：<br>　雖嘗試依據題目及主旨選取材料，但所選取之材料不足或未能加以發展。<br>・結構組織：<br>　結構本身不連貫，或僅有單一段落，但可區分出結構。<br>・遣詞造句：<br>　用字、遣詞、構句常有錯誤。<br>・錯別字、格式及標點符號：<br>　不太能掌握格式，不太會使用標點符號，且錯別字頗多。 | 不正確 | 明顯錯誤 |
| | 一 | | ・立意取材：<br>　僅解釋提示，或雖提及文章主題，但無法選取相關材料加以發展。<br>・結構組織：<br>　沒有明顯文章結構或僅有單一段落，且不能辨認結構。<br>・遣詞造句：<br>　用字遣詞有很多錯誤或甚至完全不恰當，且文句支離破碎。<br>・錯別字、格式及標點符號：<br>　完全不能掌握格式，不會運用標點符號，且錯別字極多。 | 不正確 | 整體缺失 |

# 書目篇

## 一　小學

小白等《命題作文指導》，上海：少年兒童，1992

方洲《最新小學生作文輔導手冊》，北京：華語，2005

田千彥等《小學生記敘文辭典》，上海：漢語大詞典，1999

江惜美《作文問答》，臺北：師大書苑，2001

朱天衣《朱天衣的作文課》，臺北：臉譜，2007

朱明《玩的就是作文》，廣州：暨南大學，2007

朱錫林等《親子作文》，永和：富春，2001

沈惠芳《我就是這樣教作文》，臺北：天衛文化，2005

沈惠芳《沈惠芳寫作哈哈營》，臺北：民生報，2005

吳當《作文 e 點通》，臺北：九歌，2006

林鍾隆《愉快的作文課》，板橋：螢火蟲，2000

林良《林良爺爺談作文：作文預備起》，臺北：快樂學，2008

林良《淺語的藝術》（修訂 2 版），臺北：國語日報，2011

林雨靜等《國語日報年度嚴選小學生作文 100》，臺北：國語日
　　報，2012

姚西萍等《小學課堂作文全程指導》（小五），合肥：黃山書社，
　　2000

柯品文《創意作文寫作魔法書──兒童基礎入門》，臺北：聯合

文學，2005

柯品文《創意作文寫作魔法書——兒童進階應用》，臺北，聯合
　　文學，2005

馬景賢《好心眼的鬼：看童話學作文》，新北：圖文，1993

徐根榮、王幼舫《小學生作文從段到篇指導》，上海：上海教
　　育，1996

張清榮《巧思妙手織錦秀文：各種文體寫作指導》（上），臺北：
　　幼獅，1997

張清榮《巧思妙手織錦秀文：各種文體寫作指導》（下），臺北：
　　幼獅，1997

章劍《中國小學生新作文實用材料寶典》，西安：陝西師範大
　　學，2001

孫晴峰《炒一盤作文的好菜》，臺北：臺灣東方，1995

郭淑玲《中國小學生想像新作文》，西安：陝西師範大學，2001

馮家俊《小學生想像作文》，南京：江蘇教育，1994

馮斌《作文的提高》，北京：商務，2003

陳木城《春天的腳印：看童詩學作文》，新店：圖文，1993

陳正治《陳正治作文引導》，臺北：國語日報，2007

陳剛等《中國小學生作文大全》，上海：上海新東，2005

陳肇宜《華麗的寫作鋼管秀》，新店：小兵，2006

黃定富《美術作文》，杭州：杭州，2001

黃秋芳《親愛的，我們把作文變快樂了》，新北：螢火蟲，1999

黃根基《培養寫作能力超強的孩子》，臺北：奧林文化，2003

黃郁彬《作文不曾輸給你》，臺北：小魯，1998

黃基博《小學作文教學活動設計》，新北：螢火蟲，2001

黃惠珊《打敗作文怪獸的完全技法：學好作文50招》，新北：

　　如意，2005

黃慶惠《繪本作文力》，臺北：天衛文化，2007

黃肇基《黃老師：看散文學作文》，新北：圖文，1993

棊涵、陳亞南《棊涵老師寫作教室 —— 創意，點金成金》，新
　　店：正中，2007

棊涵、陳亞南《棊涵老師寫作教室 —— 生活中，找鑽石》，新
　　店：正中，2007

楊方《小學生看圖作文辭典》，上海：漢語大詞典，1994

楊清生《題材變通法》，南京：江蘇教育，2000

楊清生《變通作文》，南京：江蘇教育，1995

謝錫金《寫作新意念》，香港：朗文，1992

蔡清波《作文小博士》，高雄：愛智，1985

蔡澤玉《怎樣寫好作文》，臺北：九歌，1993

管家琪《管家琪教作文：如何剪裁》，臺北：幼獅，2003

管家琪《管家琪教作文：如何表達》，臺北：幼獅，2003

管家琪《管家琪教作文：創意作文 10 課通》，臺北：幼獅，
　　2008

劉峰、王中文《中國小學生典範看圖作文寫法大全》，西安：未
　　來，2001

劉崇善、李樹芬《100 名作家教你這樣寫作文》，北京：同心，
　　2005

潘梓、何仁余《中國小學生擴寫續寫作文大全》，上海：上海遠
　　東，1997

閻銀夫主編《讓作文躍上新臺階》，北京：北京大學，2000

鮑志伸《中國小學生日常練筆新作文全面突破》，西安：陝西師
　　範大學，2001

儲晉《從此不怕寫作文：訓練教師》，杭州：浙江，2003

## 二　國中

文增《初中生作文技法突破》，北京：知識，2003

方洲主編《初中生話題作文題庫大全》，北京：華語教學，2004

方洲主編《初中生話題作文創新示範大全》，北京：華語教學，
　　2004

王鼎鈞《講理》，臺北：大地，2000

中國時報編《基測作文教室》，臺北：中國時報，2006

布裕民、陳漢森《文體寫作指導》，臺北：書林，1993

朱海濤等《初中新話類示範作文》，北京：中國少年兒童，2004

汪誠一《提高議論文分數的捷徑》，上海：上海大學，2003

李豐楙、林月仙《作文原理講話》，臺北：偉文，1978

林明進《林明進作文教室：訓練篇》，臺北：國語日報，2006

林明進《林明進作文教室：技巧篇》，臺北：國語日報，2006

林淑英《基測作文百分百》，新北，正中，2003

林瑞景《創意作文批改範例》，臺北：萬卷樓，2000

林黛嫚、許榮哲《神探作文：讓作文變有趣的六章策略》，臺
　　北：三民，2007

邱才妹《初中生創新作文》，北京：社會科學文獻，2000

邱才妹等《名牌中學材料作文大全：初中版》，杭州：浙江少年
　　兒童，2004

金秋主編《初中生新作文辭海》，呼和浩特：遠方，2005

金秋主編《初中生新議論文》，呼和浩特：遠方，2005

岳峰主編《劉心武作文示範》，上海：少年兒童，2005

岳峰主編《賈平凹作文示範》，上海：少年兒童，2005

柯楠主編《新概念初中中考作文輔導手冊》，北京：華語教學，
　　2000

施教麟等《作文好撇步》，臺北：五南，2007

施教麟等《基測作文大攻略》，臺北：寶瓶，2006

施教麟等《作文找碴王》，臺北：寶瓶，2007

席隆乾《初中新話題作文訓練範本》，北京：中華工商聯合，
　　2004

高潮主編《新世紀初中作文全程指導》，上海：上海教育，2001

莊銀珠《國中作文教學設計話題》，高雄：複文，1996

張春榮《看圖作文新智能》，臺北：萬卷樓，2005

張春榮《作文教學風向球》（增訂版），臺北：萬卷樓，2021

張春蓮主編《中國初中生一題多體作文大全》，太原：山西教
　　育，2005

張健杰《記敘文寫 72 法》，北京：中華書局，2004

陸逐、朱寶元《初中作文指導》，上海：少年兒童，1990

陳淑玲《陳淑玲十二思路翻轉作文 1》，臺北：五南，2016。

陳淑玲《陳淑玲十二思路翻轉作文 2》，臺北：五南，2018。

陳聖楨《遠東初中生新標準擴寫、編寫、續寫、改寫作文大
　　全》，上海：上海遠東，2002

陳銘磻《片段作文：用對方法，作文從此海闊天空》，臺北：聯
　　合文學，2015

陳銘磻《情緒作文：活用 60 種情緒，作文從此感動人》，臺北：
　　聯合文學，2016

陳銘磻《誇飾作文：讀名句學修辭，作文從此行雲流水》，臺
　　北：聯合文學，2017

楊春主編《作文應該這樣寫》，北京：國際文化，2007

楊振中《初中作文十八法》，上海：華東理工大學，1998

聞龍主編《新課標通典：初中作文》，南寧：廣西教育，2004

廖玉蕙《我把作文變簡單了》，臺北：幼獅，1996

董宜俐《基測作文聖經：從四級分到六級分大作戰》，臺北：日月文化，2008

蒲基維等《文采飛揚：新型基測作文教學題庫》，臺北：文揚，2006

劉寶珠《習作新視窗》，臺北：萬卷樓，2002

劉崇義《國中作文方法導論》，臺北：建宏，1996

鄭達森《初中作文法》，湖南：湖南教育，1994

鄭桂華主編《初中語文：寫作新視點》，上海：華東師範，2004

蔡少軍等主編《名牌中學熱門話題作 大全：初中版》，杭州：浙江少年兒童，2004

蔡智敏主編《新思路記敘文突破：初中分冊》，太原：山西教育，2000

潘麗珠等《作文這樣寫就完了──會考作文不能犯的五十個錯誤》，臺北：商周，2017

歐陽科諭主編《初中議論文》，北京：中國少年兒童，2005

賴慶雄《舞動作文思想的翅膀：作文論據大觀‧哲理篇》，板橋：螢火蟲，2006

戴晨志《教你贏在作文》，臺北：時報文化，2013

龔惠林等《初中作文模式：記敘文》，北京：社會科學文獻，1999

## 三　高中

王昌煥《國文語文表達能力祕笈》，臺南：翰林，2001

王昌煥、李翠瑛《散文仙境傳說》，臺南：翰林，2006

王擎天《寫好作文的秘密》，臺北：鴻健文化，2017

石真平主編《我是太陽花・中學生以讀促寫・自我篇》，深圳：
　　海天，2005

石德華、吳秀娟編《上課十五分鐘文學》，臺北：萬卷樓，2003

朱家安、朱宥勳《作文超進化》，新北：奇異果文創，2019

江蘇省寫作學會《作文教學指要》，江蘇：南京師範大學，1995

朱天衣等《就是愛寫作》，臺北：時報文化，2008

吳宏一《作文課十五講》，臺北：遠流，2011

沈壽美等《高中國文語文表達能力訓練》，臺南：翰林，2001

何寄澎等《八十七年度語文表達能力測驗研究報告》，臺北：財
　　團法人大學入學中心，1998

李明慈等《國寫一點靈》，新北：字畝文化，2019

李錫榕《繪聲繪影：看電影寫作文》，臺北：文史哲，1998

李浩英主編《中學生作文診所：分類作文》，臺北：萬卷樓，
　　2007

李浩英主編《中學生作文診所：想像作文》，臺北：萬卷樓，
　　2007

余青錦《作文高手——作文滿分的八堂課》，臺北：商周。2006

邱燮友等《階梯作文（一）》，臺北：三民，1996

邱燮友等《階梯作文（二）》，臺北：三民，1999

林金郎《寫出高分作文：歷屆大學考試作文範本與解析》，臺
　　北：臺灣商務，2015

林明進《創意與整合的寫作》，臺北：國語日報，2003

林明進等《理解與分析的寫作》，臺北：國語日報，2003

林明進《國寫笨作文：學測實戰篇》，臺北：天下文化，2018

林明進《起步走笨作文：基礎訓練篇》，臺北：天下文化，2018

林明進《起步走笨作文：進階技巧篇》，臺北：天下文化，2018

林繼生等《語言表達能力測驗強棒手冊》，臺北：三民，2001

明道文藝社《作文批改範例》，臺中：明道文藝，1993

范曉雯《含英咀華：作文學習 DIY》，臺北：萬卷樓，2006

范曉雯等《新型作文瞭望台》，臺北：萬卷樓，2001

洪美雀、李作珩《作文滿級分這樣寫》，臺北：遠流，2013

施翔程《作文課後：這樣寫會更好》，臺北：五南，2014

徐清景《作文考試急診室》，臺北：商周，2017

張大春《文章自在》，臺北：新經典圖文傳播，2016

張嘉驊《作文攻頂：創意、故事、邏輯與詩性的大貫通》，臺
　　北：遠見天下文化，2015

張春榮《作文新饗宴》，臺北：萬卷樓，2002

張春榮《一把文學的梯子》，臺北：爾雅，2006

張春榮、顏荷郁《世界名人智慧語》，臺北：爾雅，2008

張春榮、顏荷郁《中外名人智慧語》，臺北：爾雅，2015

張振華主編《議論文讀寫寶典》，上海：文匯，2001

郭麗華《馳騁在思路上》，臺北：中央日報，1989

黃玄、蔡惠芬《無痛學作文：最新學測國寫應考技巧實戰練
　　習》，臺北：遠流，2020

黃肇基《作文方向燈》，臺北：建宏，1998

陳智弘《綴玉織錦：中山女 92 高三博三業的作文課》，臺北：
　　萬卷樓，2004

陳嘉英《感官的獨奏與越界：打造創意的版圖》，臺北：萬卷樓，2005

陳嘉英《作文課的加減乘除》，臺北：萬卷樓，2007

陳嘉英、陳智弘《課堂外的風景：現代散文閱讀》，臺南：翰林，2005

陳嘉英《作文即時通》，臺北：萬卷樓，2008

陳滿銘《新式寫作教學導論》，臺北：萬卷樓，2007

國家考試國文科專案小組《國家考試國文科命題參考手冊》，臺北：考選部，2002

程漢傑、姚裕強《中學生讀寫技巧》，臺北：萬卷樓，1994

楊耀庭主編《中學生作文指南》，北京：金盾，2005

楊鴻銘《新作文法》，臺北：建宏，1999

楊鴻銘《語文表達寫作能力要覽》，臺北：建宏，2001

楊子漠《河道式作文寫作指南》，臺北：三民，2017

楊曉菁《階梯寫作：微書寫時代的邏輯、思辨與作文力》，臺北：精誠資訊，2019

劉家楨《饗宴：中學生的閱讀與寫作》，臺北：萬卷樓，2006

廖玉蕙《文字編織：讓寫作變容易的六章策略》，臺北：三民，2007

廖玉蕙《文學小事：廖玉蕙教你深度閱讀與快樂寫作》，臺北：三民，2021

趙公正《高中作文思路》，臺北：建宏，2000

趙公正《高中語文表達作文訓練》，臺北：建宏，2002

趙昀暉編《閱讀與寫作教程》，北京：北京大學，2006

諶國榮主編《中學生文學創作技巧》，廣州：廣東教育，2005

賴慶雄、楊慧文《作文新題型》，板橋：螢火蟲，1997

賴慶雄《新型作文贏家》，板橋：螢火蟲，1999

蕭蕭、陳正家《國文語文表達能力應試對策》，臺北：晟景，
　　2002

謝佩芬等《越過寫作的山：學測國文寫作全方位操練》，新北：
　　字畝文化創意，2017

臺南一中國文科教學研究會主編《精準命中！國寫全面辭析》，
　　新北：木馬文化，2019

通識教育叢書·通識課程叢刊 0202006

# 作文教學風向球 增修版

作　　者　張春榮
責任編輯　蘇　輗
特約校稿　林秋芬

發 行 人　林慶彰
總 經 理　梁錦興
總 編 輯　張晏瑞
編 輯 所　萬卷樓圖書股份有限公司
　　　　　臺北市羅斯福路二段 41 號 6 樓之 3
　　　　　電話　(02)23216565
　　　　　傳真　(02)23218698

發　　行　萬卷樓圖書股份有限公司
　　　　　臺北市羅斯福路二段 41 號 6 樓之 3
　　　　　電話　(02)23216565
　　　　　傳真　(02)23218698
　　　　　電郵　SERVICE@WANJUAN.COM.TW
香港經銷　香港聯合書刊物流有限公司
　　　　　電話　(852)21502100
　　　　　傳真　(852)23560735

ISBN 978-986-478-472-1
2021 年 11 月再版
定價：新臺幣 280 元

如何購買本書：

1. 劃撥購書，請透過以下郵政劃撥帳號：
　　帳號：15624015
　　戶名：萬卷樓圖書股份有限公司
2. 轉帳購書，請透過以下帳戶
　　合作金庫銀行　古亭分行
　　戶名：萬卷樓圖書股份有限公司
　　帳號：0877717092596
3. 網路購書，請透過萬卷樓網站
　　網址　WWW.WANJUAN.COM.TW

大量購書，請直接聯繫我們，將有專人為您
服務。客服：(02)23216565 分機 610

如有缺頁、破損或裝訂錯誤，請寄回更換

國家圖書館出版品預行編目資料

作文教學風向球（增修版）/ 張春榮作. -- 再
版. -- 臺北市：萬卷樓圖書股份有限公司,
2021.11
　面；　　公分. –(通識教育叢書; 0202006)
ISBN 978-986-478-472-1(平裝)

1.語文教學　2.作文　3.寫作法　4.中等教育

524.313　　　110007719